ବଦଳିବାର ବେଳ

ବଦଳିବାର ବେଳ

କ ବି ତା ସଂ କ ଳ ନ

ଡା. କୃପାସିଂଧୁ ନାୟକ

ବ୍ଲାକ୍ ଈଗଲ୍ ବୁକ୍ସ
ଭୁବନେଶ୍ୱର, ଓଡ଼ିଶା

BLACK EAGLE BOOKS
Dublin, USA

ବଦଳିବାର ବେଳ / ଡା. କୃପାସିଂଧୁ ନାୟକ

ବ୍ଲାକ୍ ଇଗଲ୍ ବୁକ୍ସ : ଭୁବନେଶ୍ୱର, ଓଡ଼ିଶା • ଡବ୍‌ଲିନ୍, ଯୁକ୍ତରାଷ୍ଟ୍ର ଆମେରିକା

BLACK EAGLE BOOKS

USA address:
7464 Wisdom Lane
Dublin, OH 43016

India address:
E/312, Trident Galaxy, Kalinga Nagar,
Bhubaneswar-751003, Odisha, India

E-mail: info@blackeaglebooks.org
Website: www.blackeaglebooks.org

First edtion in 2022

First International Edition Published by
BLACK EAGLE BOOKS, 2023

BADALIBARA BELA
by **Dr. Krupa Sindhu Nayak**
E/2, Koel Nagar, Rourkela-769014
Cell : 9437168540, 9439466990

Copyright © Dr. Krupa Sindhu Nayak

All rights reserved. No part of this publication may be reproduced, stored in a retrieval system, or transmitted, in any form or by any means, electronic, mechanical, photocopying, recording or otherwise without the prior permission of the publisher.

Cover art : **Akshaya Kumar Samal**

Interior Design: Ezy's Publication

ISBN- 978-1-64560-393-1 (Paperback)

Printed in the United States of America

ଶ୍ରଦ୍ଧାର୍ପଣ

ପୁଅ 'ଶ୍ରୀତମ'
ବୋହୂ 'କୋମଲ'ଙ୍କ
ପ୍ରଥମ ସନ୍ତାନ
ଆମେରିକାରେ ଜନ୍ମିତ
ମୋର ଗେହ୍ଲା ନାତି 'ବିରାଜ'କୁ
ମୋତେ ସେ ଦେଇଥିବା
ଅପ୍ରମିତ ଅଭୂଲା ଉଲ୍ଲାସର
ପ୍ରତିଦାନରେ....

- ଜେଜେ

ଏ ସ୍ୱର ତ ଜାଗୃତିର
ସତର୍କ ଘଂଟିର !
ବିଶ୍ୱଧ୍ୱଂସୀ ତୃତୀୟ ମହାସମରର ! !
କିଂତୁ ମଣିଷ ମଣିଷ ହେଲେ ହିଁ
ଏ ବେଳ ବଦଳିଯିବ
ହଟିଯିବ
ଅମଣିଷକୃତ ଏଇ ଯୁଦ୍ଧର ପସରା
ଧୂଳି ଧୂଆଁ ବାରୁଦର ଆକାଶକୁ ଫର୍ଚ୍ଛାକରି
ପୁନଶ୍ଚ ଚହଟି ଉଠିବ
ସସାଗରା ଧରା ।

କୃତଜ୍ଞ

- ସଂକଳନର କବିତାଗୁଡ଼ିକ ପ୍ରକାଶ କରିଥିବା ପତ୍ରପତ୍ରିକାମାନଙ୍କର ପ୍ରାଜ୍ଞ ସମ୍ପାଦକ/ପ୍ରକାଶକଙ୍କ ନିକଟରେ-
- କବିତାଗୁଡ଼ିକ ପଢ଼ିବାବେଳେ ସେଥିରେ ପ୍ରତିପାଦିତ ମାନବିକତାର ବିଶ୍ୱାୟନରେ ମୁଗ୍ଧ ହୋଇ ଏକ ସୁନ୍ଦର ଆଲେଖ୍ୟ ଆକଳନ କରିଥିବା ସୁନାମଧନ୍ୟ ସମୀକ୍ଷକ ଶ୍ରଦ୍ଧେୟ ଅଧ୍ୟାପକ ଡ. ନଗେନ କୁମାର ଦାସଙ୍କ ନିକଟରେ-
- ପ୍ରଚ୍ଛଦ ଶିଳ୍ପୀ ଶ୍ରଦ୍ଧାସ୍ପଦ ଅକ୍ଷୟ କୁମାର ସାମଲଂକୁ
- ସୃଜନ ସମୟକୁ ସମସ୍ୟାମୁକ୍ତ କରିଥିବା ମୋର ସର୍ବଂସହା ପତ୍ନୀ ଡା. ସ୍ନେହପ୍ରଭାଙ୍କ ନିକଟରେ-
- ପତ୍ରପତ୍ରିକାରେ ପ୍ରକାଶିତ କିଛି କବିତା ପଢ଼ି ନିଜ ମତାମତରେ ମୋତେ ପୁଲକିତ କରିଥିବା କବିତାନୁରାଗୀ ଶ୍ରଦ୍ଧେୟା କନକପ୍ରଭା(ଚକନ) ଓ ଶ୍ରଦ୍ଧେୟ ଇଂ.ପ୍ରଦ୍ୟୁତ କୁମାର ବଳବନ୍ତରାୟ (ବାବୁଲି), ସହପାଠୀ ଶ୍ରୀ ନଳିନୀ ମୋହନ ମହାନ୍ତି ଓ ଶ୍ରୀ ମନମୋହନ ପଟ୍ଟନାୟକ, ହାସ୍ୟ ବ୍ୟଙ୍ଗକବି ଡା.ଅଭୟ ଦାଶ ଓ ରାଧୁ ମିଶ୍ର, ପ୍ର. ପ୍ରଭାତ କୁମାର ମହାପାତ୍ର, ପ୍ର. ପାରେଶ୍ୱର ବିଶ୍ୱାଳ, ଶ୍ରୀ ବଳରାମ ରାଉଳ ସମେତ ଅନେକ କବି ସାହିତ୍ୟିକ ସତୀର୍ଥ ତଥା ସହୃଦୟ ପାଠକଙ୍କ ନିକଟରେ...
- ଆମେରିକାରୁ ଫେରି ଘରେ କ୍ୱାରେଂଟାଇନ୍‌ରେ ଥାଇ ଏଇ ସଂକଳନ ପ୍ରସ୍ତୁତିରେ ଥିବାବେଳେ ଆମକୁ ସେବା ଦେଇଥିବା ଝିଅ-ଜୋଇଁ, ନାତୁଣୀ ଓ ନାତି ଯଥାକ୍ରମେ ଲୀଜା, ରାଜା, ଖୁସି ଓ ଆଦି (ଦେଓ)ଂକ ନିକଟରେ...

- ଲେଖକ

ମୁଖବନ୍ଧ

କୃପାସିନ୍ଧୁଙ୍କ କାବ୍ୟମାନସ : ବଦଳିବାର ବେଳ

କୃପାସିନ୍ଧୁ ନାୟକ ବୃତ୍ତିରେ ଡାକ୍ତର; ପ୍ରବୃତ୍ତିରେ କବି ଓ ନାଟ୍ୟ ମନସ୍କ। ପ୍ରାକତରୁଣ କାଳରୁ କବିତା ରଚନାରେ ନିମଗ୍ନ ରହିଆସିଛନ୍ତି। ସାହିତ୍ୟ ସର୍ଜନାର ସ୍ୱୀକୃତିଭାବେ ଓଡ଼ିଆ ସାହିତ୍ୟ ଏକାଡ଼େମୀ ସମେତ ବହୁ ଜାତୀୟ ସମ୍ମାନରେ ସମ୍ମାନିତ। ଷାଠିଏ ଦଶକରୁ ଅଦ୍ୟାବଧି ଓଡ଼ିଆ କାବ୍ୟ ଜଗତର ବିବିଧ ଧାରା ସହିତ ସେ ବେଶ ପରିଚିତ। ଉଭୟ ଆଙ୍ଗିକ ଓ ଆତ୍ମିକ ଭାବତରଙ୍ଗରେ ତାଙ୍କର କାବ୍ୟଗ୍ରନ୍ଥ ଗୁଡ଼ିକ ସମୁଜ୍ଜ୍ୱଳ। ସଦ୍ୟ ପ୍ରକାଶିତ 'ବଦଳିବାର ବେଳ' କବିତା ଗ୍ରନ୍ଥ (୨୦୨୨)ରେ ସନ୍ନିବେଶିତ କବିତାଗୁଡ଼ିକ କବିଙ୍କ ଉଚ୍ଚତର ଚିନ୍ତନକୁ ବହନ କରିଛି।

'ବଦଳିବାର ବେଳ': ଏକ ସମୟ ଚେତନା, ଗୋଟିଏ ହୃଦୟଭରା ଆକୁଳତାର ପରିପ୍ରକାଶ। ଜୀବନ ଓ ମୃତ୍ୟୁର ମଧ୍ୟ ସ୍ଥଳରେ ଅବସ୍ଥାପିତ ଜୀବନର କରୁଣ ବ୍ୟାକୁଳତାକୁ ଧାରଣ କରିଥିବା କବି-ସତ୍ତାର ପ୍ରକାଶୋନ୍ମୁଖୀ ଉଦ୍ୟମ ଉକ୍ତ ସଂକଳନରେ ଦେଖିବାକୁ ମିଳେ। ପ୍ରାଚ୍ୟ ଓ ପାଶ୍ଚାତ୍ୟ ଦର୍ଶନର ଏକ ଅଭିନବ ସଂଶ୍ଲେଷଣରେ ସମୃଦ୍ଧ ତାଙ୍କର କବିତାଗୁଡ଼ିକ ଏକବିଂଶ ଶତକର ଆର୍ଥ-ସାମାଜିକ, ଭୂ-ରାଜନୀତି ତଥା ସାଂସ୍କୃତିକ ସଂକଟଗୁଡ଼ିକୁ ଧାରଣ କରିଛି। କବି ହ୍ୱାଇଟ୍‌ମାନ ନିଜର କବିତା ସମ୍ପର୍କରେ କହିଥିଲେ,

"Camerado, this is no book,
Who touches this touches a man,
(Is it right ? are we here together alone ?)
It is I you hold and who holds you
I spring from the pages in to your arms"

କବି ନାୟକ ଅନୁରୂପଭାବେ ଏଭଳି ଏକ ପୃଥିବୀ ନିର୍ମାଣରେ ଆଗ୍ରହୀ ଯେଉଁଠି ମଣିଷ କେବଳ ନିର୍ଦ୍ଧାରଣ କରିପାରିବ ନିଜ ଜୀବନ ଓ ତାକୁ ପ୍ରଚ୍ଛୋଦିତ କରୁଥିବା ଆସ୍ପୃହାଗୁଡ଼ିକୁ।

ତାଙ୍କର କାବ୍ୟ ଜିଜ୍ଞାସା ଭିତରେ ଯେଉଁସବୁ ଉପାଦାନଗୁଡ଼ିକ ସହଜରେ ପାଠକର ଦୃଷ୍ଟିପଥାରୂଢ଼ ହୁଏ ସେଗୁଡ଼ିକ ହେଉଛି-

- ଅନ୍ତଃପ୍ରେରଣା ସହ କଳ୍ପନା-ପ୍ରତିଭା ତାଙ୍କୁ ଅନ୍ତର୍ମୁଖୀ କରିଛି।
- କବିତାର ସୃଷ୍ଟି-ପ୍ରେରଣା ତତ୍କ୍ଷଣିକ ନହୋଇ ସମୟ ସାପେକ୍ଷ ହୋଇଥାଏ।
- ତର୍କ ସାପେକ୍ଷ ନହୋଇ ବୋଧ ନିର୍ଭର କବିତାର ଭାବବସ୍ତୁକୁ ଗମ୍ଭୀର କରିଥାଏ।
- କବିଙ୍କ ମନ ଏଠି ସଜାଗ ତେଣୁ ଏକମୁଖୀ : ବଦଳିବାର ପ୍ରତିସ୍ପର୍ଦ୍ଧା ଓ ପ୍ରତିବଦ୍ଧତାରେ ପରିପୁଷ୍ଟ କାବ୍ୟଭାବନା।
- କବି-ସତ୍ତା ପଳାୟନପନ୍ଥୀ ମନୋଭାବରୁ ବିଚ୍ୟୁତ ହୋଇ ରାଜନୀତିକ ଭାବାଦର୍ଶ ଭିତରେ ଥିବା ରୁଗ୍‌ଣ ସ୍ଥିତିକୁ ଆକଳନରେ ସାହସ ପ୍ରଦର୍ଶନ କରିଛି।
- ଉଦାରୀକରଣରେ ସଂନ୍ତ୍ରସ୍ତ ସାଂସ୍କୃତିକ ଗଢ଼ଣର ରୂପରେଖକୁ ପ୍ରକାଶ କରିବାରେ ସଯତ୍ନ ପ୍ରୟାସ।
- ପାରିପାର୍ଶ୍ୱିକ ସ୍ଥିତାବସ୍ଥାର ପ୍ରକ୍ରିୟାଗୁଡ଼ିକର ଅନୁଧ୍ୟାନ ଏବଂ ଅନୁଭୂତିର ଉନ୍ନତତା ଭିତର ଦେଇ ଚିନ୍ତାର ଶୃଙ୍ଖଳା ପ୍ରକାଶ ପାଇଛି।

କବି ନାୟକଙ୍କ 'ବଦଳିବାର ବେଳ' ସନ୍ନିହିତ କବିତାଗୁଡ଼ିକୁ ସମୀପ ପଠନ (Close reading)କଲେ ଯେଉଁ ସବୁ ତାତ୍ପର୍ଯ୍ୟ ଆମେ ଉପଲବ୍ଧି କରୁ ସେଇସବୁ ବିନ୍ଦୁଗୁଡ଼ିକ ହେଉଛି-

- ବିଶ୍ୱବୋଧ ପ୍ରତି ମୁକୁଳିତ କବିପ୍ରାଣ : ମାନବିକତାର ବିଶ୍ୱାୟନ।
- ସମୟ ସଚେତନତା।
- ଆଧୁନିକ ଜୀବନଧାରାକୁ ନିୟନ୍ତ୍ରଣ କରୁଥିବା ଆର୍ଥ-ସାମାଜିକ ତଥା ଭୂ-ରାଜନୀତିକ ସ୍ଥିତି।
- ଗୋଟିଏ ଭଲ ଜୀବନ ଜୀଇଁବାପାଇଁ କବିଙ୍କ ଆସ୍ପୃହା।
- ଅବବୋଧ ନିମନ୍ତେ ବୋଧଯୁକ୍ତ ଶବ୍ଦ ସଂଯୋଜନା ତଥା ଭାଷାର ପ୍ରୟୋଗ।
- ରାଜନୀତିକ, ସାମାଜିକ ତଥା ସଂସ୍କୃତିର ଘନୀଭୂତ ସଂକଟ ମଧ୍ୟରେ ଲୋକ ମାନସିକତାର ସ୍ପଷ୍ଟ ରୂପଚିତ୍ର ପ୍ରଦାନ।

- ପ୍ରକୃତିର ପ୍ରାକୃତିକତା ଓ ମଣିଷ ପ୍ରବୃତ୍ତିର ସଂଶ୍ଳେଷଣ।
- କେନ୍ଦ୍ରଚ୍ୟୁତ କବିଙ୍କ ମାନସିକତା ପ୍ରାନ୍ତୀୟ / ସ୍ଥାନୀୟତା ପ୍ରତି ସମ୍ମୋହିତ।
- ଜ୍ଞାନ ଚର୍ଚ୍ଚାକୁ ପ୍ରବୋଧିତ କରୁଥିବାବେଳେ ଆନୁଷଙ୍ଗିକ ଉପାଦାନରେ ଉପାଦେୟତାକୁ ଉପଲବ୍ଧି କରିବା।
- ପ୍ରାଚ୍ୟ ଜୀବନ ଦର୍ଶନ ପ୍ରତି ଅନୁରକ୍ତି ତଥା ମାର୍କସୀୟ ଦର୍ଶନ ସହିତ ଭାରତୀୟ ଦର୍ଶନର ଏକ ସମତୁଲ୍ୟ ବିମର୍ଶ ନିର୍ମାଣ ନିମନ୍ତେ ଆଗ୍ରହ ପ୍ରକାଶ।
- ଇତଃସ୍ତତ ଗ୍ରାମ୍ୟ ଜୀବନ ଓ ଅସନ୍ତୁଳନ ବିକାରଗ୍ରସ୍ତ ମାନସିକତାର ରୂପ ନିର୍ଣ୍ଣୟ।

(ଦୁଇ)

ବଦଳିବାର ବେଳ ଗୋଟିଏ ଅସ୍ପୃହା; ଯେଉଁଥିରେ ବ୍ୟକ୍ତି-ମଣିଷଟି ସାମାଜିକ ମଣିଷରେ ରୂପାନ୍ତରିତ ହେବାର ଅନିନ୍ଦ୍ୟ ଅଭିଳାଷ ତା' ଭିତରେ ରହିଥାଏ। ରାଜନୀତିକ ଇଚ୍ଛାଶକ୍ତି ଓ ନିଷ୍ପାପର ଶାସନତନ୍ତ୍ର ହେଉଛି ଏକମାତ୍ର ଆୟୁଧ, ଯାହା ମାଧ୍ୟମରେ ସମାଜର ପରିବର୍ତ୍ତନ ସମ୍ଭବପର ହୋଇଥାଏ। ମାତ୍ର ଏହି ଦୁଇଟି ବ୍ୟବସ୍ଥାର ଅପାରଗତା ଓ ନିଷ୍କ୍ରିୟତା କେବଳ ଦେଶର ପ୍ରଗତିରେ ପ୍ରତିବନ୍ଧକ ସାଜେ ନାହିଁ, ପରନ୍ତୁ ଜୀବନ ବଞ୍ଚିବାର ସୁଖଦ ମୁହୂର୍ତ୍ତଗୁଡ଼ିକୁ ଧୂଳିଧୂସରିତ କରିଥାଏ ବୋଲି କବି ନାୟକ ଅନୁଭବ କରିଛନ୍ତି। ଗଣତନ୍ତ୍ର ରୂପାନ୍ତରିତ ହୋଇଛି ଥାଳତନ୍ତ୍ରରେ ଏବଂ ଶାସନ ବ୍ୟବସ୍ଥାରେ ଅନାଡ଼ି ଅପରାଧୀଙ୍କ ଭିଡ଼ ସମାଜକୁ ତ୍ରସ୍ତ କରିଛି। ରାଜନୈତିକ ପ୍ରକ୍ରିୟା ଓ ଏଥିରେ ଅଂଶୀଭୂତ କିଛି ମଣିଷଙ୍କ ଅର୍ଥଲିପ୍ସୁ ମନୋଭାବ ଓ କ୍ଷମତାର ପ୍ରଲୋଭନ ଜନଗଣଙ୍କୁ ଗୋଟିଏ ଅନିଶ୍ଚିତ ଜୀବନ ମଧ୍ୟକୁ ମୁହାଁଇ ଦେଇଛି। ଫଳତଃ, ମନ୍ଦାମଣିଷ ଭିତରେ ସୃଷ୍ଟି ହୋଇପାରୁନାହିଁ ପ୍ରତିବାଦର ସ୍ୱର ଓ ସମାଜ ପରିବର୍ତ୍ତନ ନିମନ୍ତେ ଆନ୍ତରିକ ଆକାଙ୍‌କ୍ଷା। ବିକାଶ ନିମନ୍ତେ ଉଦ୍ଦିଷ୍ଟ ଅର୍ଥକୁ ଆତ୍ମସାତ୍ ନିରନ୍ତର କରିଚାଲିଛନ୍ତି ଜନନାୟକଙ୍କଠାରୁ ଦାପ୍ତରିକ ଜନତା ପର୍ଯ୍ୟନ୍ତ। ତେଣୁ କବି କୁହନ୍ତି-

"କର୍କଟ ରୋଗର କୋଷ ପରି
ବଟି ତେଣୁ ଅଣାୟତ୍ତ, ଯାହା
ବିନାଶ କରି ଚାଲିଛି ଆମ ନୈତିକତା ଓ
ବିକାଶର ପଥ।"

ଜାତୀୟତାବାଦ ଓ ମେଧାଶକ୍ତିର ସିନ୍ଥେସିସ୍ ଘଟିଛି ତାଙ୍କ କବିତାରେ (ବଦଳିବାର ବେଳ-୩)। ବ୍ୟବସ୍ଥା ଯେତେବେଳେ ଅର୍ଥ ଓ ସ୍ୱାର୍ଥ ସର୍ବସ୍ୱ ହୋଇପଡ଼େ,

ସେତେବେଳେ ଗଣ ଅପେକ୍ଷା ବ୍ୟକ୍ତିର ଦାମ୍ଭିକତା ପ୍ରକାଶ ପାଏ ଏବଂ ଜାତୀୟତାବୋଧ କେବଳ ଗୋଟିଏ ସ୍ଲୋଗାନ ଭିତରେ ସୀମାବଦ୍ଧ ହୁଏ। ମେଧାବୀ ମସ୍ତିଷ୍କମାନେ ଦେଶର ଉନ୍ନତି ଅଥବା ନିଜ ପିତାମାତାଙ୍କ ମଧ୍ୟରେ ରହି ଏକ ସହଭାଗିତାମୂଳକ ଜୀବନ ବଞ୍ଚିବା ଅପେକ୍ଷା ଶ୍ରେୟ ହୋଇଉଠେ ବିଦେଶ ମାଟି ଏବଂ ସେଠିକାର ପ୍ରାଚୁର୍ଯ୍ୟପୂର୍ଣ୍ଣ ଜୀବନ ଶୈଳୀ। ଅପର ପକ୍ଷରେ ଏହି ମାଟିର ଶିକ୍ଷା, ଶିକ୍ଷା ଆୟତନ ଓ ଶିକ୍ଷା ବ୍ୟବସ୍ଥାର ରୁଗ୍ଣ ରୂପ ଉତ୍କୃଷ୍ଟ ଶିକ୍ଷାର୍ଥୀଟିଏ ଗଢ଼ିପାରେ ନାହିଁ। ଶିକ୍ଷା ଯେଉଁଠି ଅନାହତ ଓ ବିପର୍ଯ୍ୟସ୍ତ ସେଠାରେ ବ୍ୟବସ୍ଥା ବଦଳିବାର ସ୍ଥିତି ସୁଦୂର ସ୍ୱପ୍ନ ପରି ଧୂସରିତ। ସେଥିପାଇଁ କବି ନାୟକ ବିବ୍ରତ ହୋଇପଡ଼ିଛନ୍ତି ଏବଂ କହିଛନ୍ତି, "ଏ ମାଟିର ଶିକ୍ଷା, ଶିକ୍ଷାଳୟ ଓ / ସଂସ୍କୃତି ବୋଇତ ଯାଉଅଛି ବୁଡ଼ି।"

ଗାଁ ଏବେ ସହରମୁହାଁ ହୋଇଛି। ସହରୀ ସଭ୍ୟତାର ଆଦବ କାଇଦା, ଖାଦ୍ୟ-ପାନୀୟ ସବୁକିଛି ଗାଁ'ର ଗଳି ରାସ୍ତାରେ ଏବେ ସହଜ ଉପଲବ୍ଧ। ଗ୍ରାମୀଣ ସଂସ୍କୃତି ଓ ତା'ର ସାରବତ୍ତା ତଥା ସ୍ଥାନୀୟତାର ଉତ୍କୃଷ୍ଟ ଜୀବନବୋଧ ରାଜନୀତିର ପଶାପାଲିରେ ଦୂଷିତ। ବିକାଶ ନାମରେ ଯୋଜନା ପରେ ଯୋଜନା ପ୍ରସ୍ତୁତ ହେଉଛି। ଯୋଜନାଗୁଡ଼ିକୁ କ୍ରିୟାଶୀଳ କରାଇବା ନିମନ୍ତେ ଧନରାଶି ଆକଳନ କରାଯାଉଛି। ମାତ୍ର ସାଧାରଣ ଜନତା ଅପେକ୍ଷା ନୀତି ନିର୍ଦ୍ଧାରଣ କରୁଥିବା ମୁଷ୍ଟିମେୟ ଲୋକେ ଏହି ଅର୍ଥକୁ କୌଶଳରେ ଆତ୍ମସାତ୍ କରୁଛନ୍ତି। ଠୋପେ ଠୋପେ ବିକାଶର ଜଳବିନ୍ଦୁ (Trickle down) ଜନଗଣଙ୍କ ଉପରେ ସିଞ୍ଚନ କରାଯାଇ ଭାରତ ବର୍ଷର ମହାନ ସ୍ଲୋଗାନ ଗୁଡ଼ିକ ପ୍ରକମ୍ପିତ କରୁଛି ଗଗନ ପବନ। କିନ୍ତୁ ବାସ୍ତବରେ ତାହା ଆମ୍ ଜନତା (Mango man)ଙ୍କ ଭାଗ୍ୟରେ ପଡୁନାହିଁ। ବ୍ୟବସ୍ଥାର ଏହି ନଗ୍ନ ରୂପକୁ ପ୍ରକାଶ କରି କବି କୁହନ୍ତି-

"ଯେଉଁ ବୁନ୍ଦା ଛିଟିକି ପଡୁଛି
ସେଥିରେ ହେଉଛି ଅଦ୍ଧାୟୁଷ ରାସ୍ତା
ପାଣିହୀନ ପାଣିକଳ, ପୁତିଗନ୍ଧ ଶୌଚାଳୟ
କାମ ଚଳା ସ୍ୱାସ୍ଥ୍ୟ କେନ୍ଦ୍ର
ଅପେକ୍ଷାରେ ଡାକ୍ତର ନିଯୁକ୍ତି
ଅଧା ଦିନ ଖୁଣ୍ଟରେ ଜଳୁଛି ବିଜୁଳିବତୀ
ଏଇତ ପ୍ରଗତି !"

ଗୋଟିଏ ରାଷ୍ଟ୍ରର ସମୃଦ୍ଧି ନିର୍ଭର କରେ ତା'ର ସୁଶିକ୍ଷିତ ଜନଗଣ ତଥା କ୍ଷମତା ଚକ୍ରରେ ଥିବା ନେତୃବୃନ୍ଦଙ୍କ ପ୍ରତିବଦ୍ଧତା ଉପରେ। ତେବେ, ଯେଉଁ ସହଭାଗିତା ମୂଳକ

ଜୀବନବୋଧ ସମାଜର ପ୍ରତିଟି ମଣିଷ ଭିତରେ ଗୁଞ୍ଜରିତ ହେବା କଥା ତାହା କଳୁଷିତ ରାଜନୀତି ଦ୍ୱାରା କ୍ଷତ ବିକ୍ଷତ ବୋଲି କବି କୁହନ୍ତି। ଧର୍ମ, ଜାତି ଓ ବର୍ଣ୍ଣ ଭେଦରେ ସାମାଜିକ ମଣିଷକୁ ବିଭାଜିତ କରି ରାଜନୀତିକ ଦଳ ନିଜର ସଂକୀର୍ଣ୍ଣ ସ୍ୱାର୍ଥକୁ ପରିପୂର୍ଣ୍ଣ କରିବା ନିମନ୍ତେ ବ୍ୟସ୍ତ। ପ୍ରତାରଣାରେ ପ୍ରପୀଡ଼ିତ ଏ ବନ୍ଧ୍ୟା ମାଟିରେ ତଥାପି ଅଙ୍କୁରୋଦ୍‌ଗମର ସମ୍ଭାବନା ଲକ୍ଷ୍ୟ କରିଛନ୍ତି କବି। ସେଥିପାଇଁ ନୀତି ଶ୍ରେଷ୍ଠ ରାଜନୀତିର ଧରାବତାରଣ ପ୍ରତି ସେ ଆସ୍ଥାବାନ ହୋଇଥିବାର ଲକ୍ଷ୍ୟ କରାଯାଏ। (ବଦଳିବାର ବେଳ-୭)

ପୁଞ୍ଜିବାଦ ବିଶ୍ୱମଣିଷକୁ ଏକାଠି ହେବାକୁ ଦିଏ ନାହିଁ; ସମାନ ବିଚାର, ସମାନ ଚିନ୍ତନ ଓ ସହଭାଗିତାପୂର୍ଣ୍ଣ ଜୀବନ ଜିଜ୍ଞାସାକୁ ସ୍ୱୈରତାନ୍ତ୍ରିକରେ ପରିଣତ କରେ। ଭୂଗୋଳକୁ ଅସ୍ୱୀକାର କରୁଥିବା, ସମଗ୍ର ଭୂମା ଓ ଭୂମିକୁ ନିଜର ବୋଲି ଆଗ୍ରହ ରଖୁଥିବା ପକ୍ଷୀକୁଳର ଏହି ଉଚ୍ଚ ସ୍ତରର ମାନସିକତାଠାରୁ ନିଜକୁ ଶ୍ରେଷ୍ଠ ଜୀବ ବୋଲାଉଥିବା ମଣିଷର ମାନସିକତା କେତେ ଯେ ନ୍ୟୂନ ତାହା ସହଜରେ ଉପଲବ୍ଧି କରିହୁଏ। ହିଂସା, ଦ୍ୱେଷ, ଈର୍ଷା, ପରଶ୍ରୀକାତରତାରେ ପରିପୂର୍ଣ୍ଣ ରାଜନୀତି ଓ ନିଜକୁ ଗୋଟିଏ ସଂକୀର୍ଣ୍ଣ ଭୂମି ଭିତରେ ଆବଦ୍ଧ କରି ବଞ୍ଚୁଥିବା ମଣିଷର ଅହଂଭାବ ଯେ ପକ୍ଷୀଟିର ଜୀବନ ଦର୍ଶନ ନିକଟରେ କେତେ ହୀନପ୍ରଭ ହୋଇଛି ତା'ର ଏକ ସୁନ୍ଦର ରୂପଚିତ୍ର ଅଙ୍କନ କରିଛନ୍ତି କବି କୃପାସିନ୍ଧୁ। (ବଦଳିବାର ବେଳ-୧୧)

ରାଷ୍ଟ୍ର କର୍ତ୍ତୃକ ଉଦ୍ୟମରେ ଗୋଟିଏ ସୁସ୍ଥ ନାଗରିକ ଶ୍ରେଣୀର ଅଭ୍ୟୁଦୟ ଅସାଧାରଣ ମନେ ହେଲେବି ସମ୍ଭାବନା ରହିଛି। ଅପର ପକ୍ଷରେ, କ୍ଷମତା କେନ୍ଦ୍ରରେ ପହଞ୍ଚିବା ପାଇଁ ଗୋଟିଏ ଅସୁସ୍ଥ ପରମ୍ପରାକୁ ଜନ୍ମଦେବା ଓ ତା' ମାଧ୍ୟମରେ କ୍ଷମତାସୀନ ହେବାର ଆକାଙ୍କ୍ଷା ଗୋଟିଏ ପ୍ରଗତିକାମୀ ରାଷ୍ଟ୍ର କ୍ଷେତ୍ରରେ ଅପମାନସୂଚକ କଥା। ଏହା ମଧ୍ୟ ଦୁର୍ଭାଗ୍ୟର କଥା ଯେ ଆମେ ଜନଗଣ ତଥାକଥିତ ରାଜନୈତିକ ସ୍ଲୋଗାନ ଓ ରାଜନୀତିକ ଚିହ୍ନ ପ୍ରତି ମୋହଗ୍ରସ୍ତ ହୋଇ ଯେଉଁ ଶାସକ ଗୋଷ୍ଠୀଙ୍କୁ କ୍ଷମତା କେନ୍ଦ୍ରରେ ବସାଇଥାଉ ତାହା ପରବର୍ତ୍ତୀ ସମୟରେ ଜନବିରୋଧୀ ହୋଇଥାଏ। ରାଜନୀତିର ଏହି କଳୁଷିତ ଭୂଚିତ୍ର କବି ନାୟକଙ୍କ କବିତାରେ ଦେଖିବାକୁ ମିଳେ।

କବିତାଟିଏ ଗୁରୁତ୍ୱପୂର୍ଣ୍ଣ ସେତିକିବେଳେ ହୋଇଥାଏ ଯେତେବେଳେ କବିଟିଏ ନିଜ କାଳ ଖଣ୍ଡରେ ବଞ୍ଚୁଥିବା ମଣିଷର ସ୍ଥିତି ଓ ଭାବାଭିବ୍ୟକ୍ତି ସହ ବିଚାରବୋଧର ଗୋଟିଏ ସନ୍ତୁଳନ ସିନ୍ଥେସିସ ଘଟାଇଥାଏ। ଅର୍ଥାତ୍ କବିତାରେ ତତ୍‌କାଳୀନ ସାମାଜିକ ସ୍ଥିତାବସ୍ଥା ସହ ଐତିହାସିକବୋଧଟି କାବ୍ୟିକ ରୂପାୟନର ଅଂଶୀଭୂତ ହୋଇଥାଏ। ଏବଂ, ରାଜନୈତିକ ଭାବାଦର୍ଶକୁ ମୁଖ୍ୟ ଆୟୁଧ ରୂପେ

ଗ୍ରହଣ କରି ଗୋଟିଏ ସମ୍ଭାବନାମୟ ସୂତ୍ର ନିର୍ଣ୍ଣୟରେ କବିଟିଏ ତତ୍ପରତା ପ୍ରକାଶ କରିଥାଏ। ତେଣୁ କବିତାର ଭାବବସ୍ତୁରେ ସଫଳ ରୂପାୟନ ଓ ତା' ମାଧ୍ୟମ ଦେଇ ସଂଘଟିତ ହେଉଥିବା ସାଂସ୍କୃତିକ ସଂକଟ ତଥା ପ୍ରତୀୟମାନ ଆର୍ଥ-ରାଜନୀତିକ ଭାବାଦର୍ଶର ରୂପଚିତ୍ରଟି ଦେଖିବାକୁ ମିଳିଥାଏ। କବି କୃପାସିନ୍ଧୁ ସାମାଜିକ ସ୍ଥିତାବସ୍ଥା ସମ୍ପର୍କରେ ସମ୍ପୂର୍ଣ୍ଣ ସଚେତନ। ୧୯୯୦ ଦଶକରେ ବିଦ୍ୟା, ବୁଦ୍ଧି ଓ ବିତ୍ତର ପରାକ୍ରମରେ ବିଶ୍ୱାୟନ ପ୍ରକ୍ରିୟାଟି ଯେଉଁ ତେଜସ୍କ୍ରିୟ ରଶ୍ମି ପ୍ରବାହିତ କରି ସମଗ୍ର ବିଶ୍ୱକୁ ସଞ୍ଚାରିତ ହୋଇଥିଲା ତା'ର ଜ୍ୱାଳାମୟ ପ୍ରଭାବ ଆମେ ସମସ୍ତେ ଅନୁଭବ କରୁଛୁ। ବହୁରାଷ୍ଟ୍ରୀୟ କମ୍ପାନୀମାନଙ୍କ ଭାରତରେ ଅନୁପ୍ରବେଶ ତଥା ବିନା ପ୍ରତିବାଦରେ ନିଜ ଶକ୍ତିର ପ୍ରୟୋଗ ହେତୁ କ୍ଷେତ୍ରୀୟ ସାଂସ୍କୃତିକ ଧରୋହର ବିକୃତ ରୂପ ଧାରଣ କଲା। ସ୍ଥାନୀୟ ଲୋକ ଚରିତ୍ରର ଅବକ୍ଷୟମୁଖୀ ରୂପଚିତ୍ରକୁ କବି ନାୟକ ଯଥାଯଥ ଭାବେ କବିତା ମାଧ୍ୟମରେ ସନ୍ନିହିତ କରିଛନ୍ତି। ଛଳନା ତଥା ଆତ୍ମପ୍ରବଞ୍ଚନାର ଊର୍ଦ୍ଧ୍ୱକୁ ଉପନିତ ହୋଇ ସାଲିସହୀନ ଭାବେ ସାମାଜିକ ବାସ୍ତବତାକୁ କବିତାରେ ରୂପ ଦେବାରେ କବି ନାୟକ କୁଣ୍ଠା ପ୍ରକାଶ କରିନାହାନ୍ତି। ବ୍ୟବସ୍ଥାର ରୁଗ୍ଣ ଚରିତ୍ର ଓ ସେଥିରେ ସନ୍ତୁଳିତ ଜନଗଣଙ୍କ ଆର୍ତ୍ତି କବିଙ୍କ କବିତାକୁ ଉର୍ଜ୍ଜସ୍ୱଳ କରିଛି। କଳ୍ପନା-ପ୍ରସୂତ ଶିଳ୍ପକର୍ମ ଭାବେ କବି ନାୟକଙ୍କ କବିତାକୁ ବିଚାର କଲେ ନିରାଶ ହେବାକୁ ପଡ଼ିବ। ଅର୍ଥାତ୍ ତଥାକଥିତ ଧାରଣାଗତ ଅଧିବିଦ୍ୟା ବା ମେଟାଫିଜିକ୍ସକୁ ନିଷ୍କ୍ରାନ୍ତ କରି ଯେଉଁସବୁ ଆବେଦନ ସମୂହ କବିତାରେ ସ୍ଥାନ ପାଇଛି ତାହା ବାସ୍ତବତାର ଫଟୋଗ୍ରାଫିକ୍ ଚିତ୍ର ବୋଲି ଚିନ୍ତା କରିବାକୁ ପଡ଼ିବ। ଚିନ୍ତନ ଓ ଅନୁଭବର ମିଶ୍ରିତ ସଂଯୋଗ କ୍ରିୟା 'ବଦଳିବାର ବେଳ' କାବ୍ୟଗ୍ରନ୍ଥକୁ ଅନନ୍ୟ ରୂପ ଦେଇଛି। ତେଣୁ ସ୍ୱାଭାବକି ଭାବେ ଭାରତୀୟ ଚିନ୍ତନର ମୂଳପିଣ୍ଡ ସହଭାଗିତାପୂର୍ଣ୍ଣ ଜୀବନଗ୍ରନ୍ଥୀର ଭାବାତ୍ମକ ପ୍ରକାଶ ଏଥିରେ ଦେଖିବାକୁ ମିଳିଥାଏ। ଯଦିଓ ଅନେକାଂଶରେ ଏହି ଚିନ୍ତନଟି ମେଟାଫିଜିକସ୍‌ର ଶିକାର ହୋଇଛି ସମୟାନୁକ୍ରମେ, ତେବେ ସେଇ କ୍ଷତିଗ୍ରସ୍ତ ମୂଲ୍ୟବୋଧ ଭିତରୁ ବିଜ୍ଞାନ ସମ୍ମତ ଉପାଦାନଗୁଡ଼ିକର ରକ୍ଷଣାବେକ୍ଷଣ ନିମନ୍ତେ କବି ନାୟକ ମନୋଯୋଗୀ ହୋଇଛନ୍ତି। ସେଥିପାଇଁ କବିଙ୍କ ବକ୍ତବ୍ୟ ଅନୁରୂପ ରୂପପରିଗ୍ରହ ଲାଭ କରିଛି-

"ଯେଉଁ ଅଲିଖିତ କାଳର / ଲହୁଲୁହାଣ ମୋଡ଼ରେ
ମଣିଷର ପଶୁତାକୁ / ମାନବୀୟ କରିବା ପାଇଁ କି
ଏ ମାଟିର କିଛି ସର୍ଜମାଣ ଚିନ୍ତକଙ୍କୁ / ଦିଶିଥିଲ

x x x x x x

ଯିଏ ଯେଉଁ ଭୂଖଣ୍ଡର / ବାସିନ୍ଦା ହେଲେ ବି, ବସୁଧାକୁ
ଗୋଟିଏ କୁଟୁମ୍ବ ମଣିବା / ତା'ର ମଞ୍ଜକଥା ଥିଲା।"

କିନ୍ତୁ କବିଙ୍କ କ୍ଷୋଭ ଯେ, ଧର୍ମର ଅର୍ଥକୁ ସାମ୍ପ୍ରଦାୟିକ ରଙ୍ଗରେ ରୂପ ଦେବାପାଇଁ ଅଭିନବ ଉପାୟରେ ଅସଂଗତ ବ୍ୟାଖ୍ୟାନ (Discourse)ଗୁଡ଼ିକ ନିର୍ମାଣ କରାଯାଇଛି। ଏବଂ ଧର୍ମର ଏହି ରୂପାନ୍ତରିତ ଅର୍ଥ ଓ ଭାବବୋଧକୁ ଲକ୍ଷ୍ୟ କରି ମାର୍କସ କହିଥଲେ, ଅଫିମ, ଅସହାୟର ହାହାକାର ବୋଧ, ହୃଦୟହୀନ ହୃଦୟ....। ତେଣୁ ବିଶ୍ୱପ୍ରକୃତି ଅଥବା ବସୁଧୈବ କୁଟୁମ୍ବକମ୍ ଅବଧାରଣାକୁ ଗୋଟିଏ ସୁସମଞ୍ଜସ ଅଭୂତପୂର୍ବ ଫେନୋମେନନ ଭିତରେ ବାନ୍ଧି ରଖିବାକୁ କବି ନାୟକ ପ୍ରୟାସ କରିଛନ୍ତି। ସେଥିପାଇଁ କବି କର୍ମ ହୋଇଛି ଅନ୍ଧ ଅହଂକାର ଭିତରେ ଲାଳିତ ଧର୍ମରୂପକ ବିଷବୃକ୍ଷକୁ (ଯାହା ମାନବିକତାର ପରିପନ୍ଥୀ) କାଠହଣା ଚଢ଼େଇ ପରି ବାରମ୍ବାର କ୍ଷତବିକ୍ଷତ କରି ଧରାଶାୟୀ କରିବାର ପ୍ରୟାସ। କବି ନାୟକ, ଅର୍ଥ ଉପାର୍ଜନ ଓ ଚାକଚକ୍ୟ ଜୀବନ ସନ୍ଧାନରେ ଗାଁ'ରୁ ସହରକୁ ଆସି ବସତି ସ୍ଥାପନ କରୁଥିବା ମଣିଷର ବିପର୍ଯ୍ୟସ୍ତ ସ୍ଥିତି ଓ ଗାଁ'ରେ ଅପସଂସ୍କୃତିର ପନ୍‌ଝା ଭିତରେ ଅସ୍ତିତ୍ୱ ହରାଉଥିବା ଗ୍ରାମୀଣ ମଣିଷ ଓ ସେମାନଙ୍କ ସାଂସ୍କୃତିକ ଧରୋବରର ବିକଳାଙ୍ଗ ରୂପ କବିତାରେ ଦେଇଛନ୍ତି। ଆମକୁ ଏଠାରେ ସ୍ମରଣ ରଖିବାକୁ ପଡ଼ିବ ଯେ, ଜନ୍ମ ଓ ସମ୍ପତ୍ତି ଭିତ୍ତିରେ ଯେଉଁ ସଂସ୍କୃତିଟି ନିର୍ମିତ ହୋଇଥାଏ ତାହା କର୍ତ୍ତୃତ୍ୱପରାୟଣର ଶିକାର ହେବାପାଇଁ ବାଧ୍ୟ। ଏବଂ ଏହି ସଂସ୍କୃତିଟି ଯେତେବେଳେ ରାଜନୀତିକୁ ନିଜ ଅକ୍ତିଆର ଭିତରେ ନିଏ ସେତେବେଳେ 'ନୀତି ଶ୍ରେଷ୍ଠ ରାଜନୀତି.... ଶଇତାନର ଛଳ' ପରି ପ୍ରତୀୟମାନ ହୋଇଥାଏ। ଧର୍ମ ଓ ଜାତିକୁ ଆଧାର କରି ଶ୍ରେଣୀଗତ ଅବସ୍ଥିତି ତଥା ରାଜନୀତିକ ଶକ୍ତି କେବଳ ଦେଶୀୟ ମଣିଷକୁ ଅସ୍ଥିର କରେନି ପରନ୍ତୁ ସମୁଦାୟ ମାନବ ପ୍ରଜାତି ପାଇଁ ବିପଦର ଶଙ୍ଖନାଦ କରେ; ଜଗତୀକରଣର ଏହା ଏକ ଦୁର୍ଲଭ ଉପହାର। କବି କିନ୍ତୁ ଆଶାବାଦୀ ହୋଇଛନ୍ତି 'ନୀତିନିଷ୍ଠ କର୍ତ୍ତୃତ୍ୱର ଅଭ୍ୟୁଦୟ' ଉପରେ।

ସମାଜର ରଚ଼ନାତ୍ମକ କ୍ରିୟାରେ ସାହିତ୍ୟ ସର୍ଜନାର ସମ୍ପୃକ୍ତି ବିଷୟରେ ଗୋଟିଏ ଗୁରୁତ୍ୱପୂର୍ଣ୍ଣ ପ୍ରସଙ୍ଗ ଉତ୍ଥାପନ କରିଛନ୍ତି କବି ନାୟକ। ଶିଳ୍ପ ବିପ୍ଳବ ଓ ତତ୍‌ପରବର୍ତ୍ତୀ ଜଗତୀକରଣ ମାଧ୍ୟମ ଦେଇ ଆସୁଥିବା ସୌଦାଗରୀ ସଂସ୍କୃତି- ମୂଳକ ସାହିତ୍ୟ ଭିତରେ ଜୀବନବୋଧକୁ ଉଜ୍ଜୀବିତ କରୁଥିବା ବ୍ୟାସ-ବାଲ୍ମିକୀଙ୍କ ଠାରୁ ସଚ୍ଚିରାଉତରାଙ୍କ ସୃଜନ ମହାତ୍ମ୍ୟକୁ ଦିଶାହୀନ କରୁଛି ବୋଲି କବି କୁହନ୍ତି। ବିଶେଷ କରି ବିଷମତାରୁ ବିକଶିତ ଏହି ବିମଳ କାବ୍ୟଧାରାକୁ ଜାତି ଓ ବର୍ଣ୍ଣଭେଦରେ ବିଚାର କରିବାର ବିମର୍ଶ ପ୍ରକ୍ରିୟାକୁ କବି ନାପସନ୍ଦ କରିଛନ୍ତି। କାରଣ ଏହା ମଧ୍ୟ ନୀଚ-

ରାଜନୈତିକ କର୍ମଦ୍ୱାରା ପରିଚାଳିତ। ମଣିଷକୁ ଗୋଟିଏ ସୂତ୍ରରେ ବାନ୍ଧିବାର ପ୍ରୟାସ କରୁଥିବା କବି-କର୍ମ ଉପରେ କବି ନାୟକଙ୍କ ଆସ୍ଥା ରହିଛି। ଜୀବ ସୃଷ୍ଟିର ଆଦି କାଳରୁ ମଣିଷ ଯେଉଁ ସହଭାଗିତାପୂର୍ଣ୍ଣ ଜୀବନ ପ୍ରତି ସମର୍ପିତ ଥିଲା ତାହା କ୍ରମଶଃ ପୁଞ୍ଜିର ଉତ୍ପତ୍ତି ଓ ବ୍ୟକ୍ତିଗତ ସମ୍ପତ୍ତିର ଅଭ୍ୟୁଦୟରୁ ଧ୍ୱଂସ ହୋଇଯାଇଛି। ପୁଞ୍ଜିର ଅପ୍ରମିତ ଆଧିପତ୍ୟ ମଣିଷକୁ ମଣିଷଠାରୁ ଅଲଗା କରିଛି। ଅର୍ଥ ଓ ଆଧିପତ୍ୟ ବିସ୍ତାରର ଦ୍ୱାହି ମଣିଷକୁ ମଣିଷ ହତ୍ୟା କରିବାପାଇଁ ନିର୍ମାଣ କରିଛି ସର୍ବବିଧ୍ୱଂସୀ ମାରଣାସ୍ତ୍ର। ଧର୍ମ ହରାଇଛି ତା'ର ବିଶ୍ୱାସଯୋଗ୍ୟତା ଓ ପ୍ରକୃତିର ସାରତତ୍ତ୍ୱକୁ ବିଜ୍ଞାନ ଅପହରଣ କରି ଜୀବନବୋଧକୁ ପ୍ରବଞ୍ଚିତ କରିଛି। ଏହା ଏକ ପ୍ରକ୍ରିୟା। ମାନବୀୟ ପ୍ରବୃତ୍ତିର ପରିପୂର୍ତ୍ତି ନିମନ୍ତେ ଏହି ପ୍ରକ୍ରିୟାଟି ସୃଷ୍ଟି କରିଛି କିଛି ଗୋଷ୍ଠୀବଦ୍ଧ ମଣିଷ। ଏହି ସ୍ୱଳ୍ପ ମଣିଷମାନେହିଁ ବହୁ ସମ୍ପତ୍ତିର ଅଧିକାରୀ ହୋଇ ବହୁମଣିଷଙ୍କ ସଂସ୍କୃତିକୁ ବିପର୍ଯ୍ୟସ୍ତ କରିଛନ୍ତି ଏବଂ ବହୁମଣିଷଙ୍କ ଭାଗ୍ୟନିୟନ୍ତା ରୂପେ ନିଜର ଆଧିପତ୍ୟକୁ ଜାହିର କରିଛନ୍ତି। ଅତି ଛଦ୍ମତାର ସହିତ ତେଣୁ ସେମାନେ ଧର୍ମ ଓ ବର୍ଣ୍ଣଭେଦ ପ୍ରକ୍ରିୟାକୁ ମୁଖ୍ୟ ଆୟୁଧ ଭାବେ ଗ୍ରହଣ କରି ରଚିଛନ୍ତି କୁଟିଳ ରାଜନୀତି। ଏହିଭଳି ଗୋଟିଏ ବିଷଣ୍ଣ ପୃଥିବୀରେ କବିଟିଏ ବାସ କରେ। ତେଣୁ, କବିମାତ୍ରେ ସହୃଦୟ ସମ୍ପନ୍ନ ଥିବାରୁ ତା'ର ଚେତନା ମଧ୍ୟ ବିଷଣ୍ଣ ହୋଇଉଠେ। ଏବଂ, ସେଇ ବିଷଣ୍ଣତାବୋଧରୁ ସାମାଜିକ ବ୍ୟବସ୍ଥା ପ୍ରତି ପ୍ରଶ୍ନ କରିବାର ସତ୍‌ସାହସ ତା'ଭିତରେ ସୃଷ୍ଟି ହୁଏ। ଯଦି ଏପରି କୌଣସି ଭାବ-ଚିନ୍ତନ କବି ଭିତରେ ସୃଷ୍ଟି ହୁଏ ନାହିଁ ତେବେ ତା'ର କାବ୍ୟକାରିତା ଅକାଳକୁଷ୍ମାଣ୍ଡ ସଦୃଶ। କବିର ଧର୍ମ ହେଉଛି ମଣିଷକୁ ନିଦ୍ରାରୁ ଉଠାଇ ସୂର୍ଯ୍ୟାଭିମୁଖୀ କରାଇବା। 'ବଦଳିବାର ବେଳ' କବିତା ଗ୍ରନ୍ଥସ୍ଥ କବିତାଗୁଡ଼ିକ ଭାରତୀୟ ଐତିହ୍ୟ ଓ ପରମ୍ପରାର ସାର ନିର୍ଯ୍ୟାସକୁ ଧାରଣ କରିବାପାଇଁ ଯେପରି ପ୍ରୟାସ କରିଛି ସେଇପରି ସାମ୍ପ୍ରତିକ ସମୟର ଆର୍ଥ-ସାମାଜିକ ତଥା ସାଂସ୍କୃତିକ-ରାଜନୀତିର ପ୍ରଖ୍ୟାପନ ନିମନ୍ତେ ଉଦ୍ୟମ କରିଛି। କବିଙ୍କ ସମୟଚେତନା ସଭ୍ୟତାର ପରିସମାପ୍ତି ପୂର୍ବରୁ ସକ୍ରିୟ ହେତୁ ବ୍ୟକ୍ତିଗତ ଅସ୍ୱସ୍ତିବୋଧକୁ ସାର୍ବଜନୀନ କରିବାପାଇଁ ଅଭିପ୍ରେତ ହୋଇଛି। ତେଣୁ ପୃଥିବୀକୁ ବଦଳିବାର ସମ୍ପର୍କିତ ଚେତନଶୀଳ ଐତିହ୍ୟଟି କବିତାଗୁଡ଼ିକୁ ମାର୍ମିକ ତଥା ହୃଦବୋଧ କରିବା ଦିଗରେ ଅଗ୍ରସର। ଏଥିରୁ ପ୍ରତୀତି ଜନ୍ମେ ଯେ, କବି ନାୟକ ପ୍ରତିଟି କବିତାରେ ଯେଉଁ ବଦଳିବାର ବ୍ୟାଖ୍ୟାନ ପ୍ରସ୍ତୁତ କରିଛନ୍ତି ତା'ର ମୂଳ ଉତ୍ସ ସମ୍ପର୍କରେ ସେ ସମ୍ପୂର୍ଣ୍ଣ ସଚେତନ। କ୍ରମଶଃ ଘନୀଭୂତ ହେଉଥିବା ଅସହିଷ୍ଣୁ ବିଜଡ଼ିତ ମାନସିକତାର ମୂଳ କାରଣଗୁଡ଼ିକୁ ଧର୍ମ ଓ ରାଜନୀତି ସହିତ ସଂଯୁକ୍ତ କରିଛନ୍ତି କବି ନାୟକ। କବିଙ୍କ ଆସ୍ପୃହା ଯେଉଁ ଉଚ୍ଚତର ଚେତନାକୁ ସ୍ପର୍ଶ କରିବା ନିମନ୍ତେ ଆଗ୍ରହୀ ଏବଂ ଯାହା

ମୂଳରେ ବଦଳିବାର ଆଶାଟି ବଳବତ୍ତର ତାହା ଦୁଇଟି କେନ୍ଦ୍ରବିନ୍ଦୁ ଉପରେ ଦଣ୍ଡାୟମାନ। ଗୋଟିଏ ହେଲା ସମଗ୍ର ବିଶ୍ୱକୁ ନିଜ ଭାବାତ୍ମକ ପରିଧି ମଧ୍ୟରେ ସମାୟତ କରିବାର ପ୍ରଗତିଶୀଳ ଅନୁଚିନ୍ତା ଏବଂ ଦ୍ୱିତୀୟଟି ହେଲା ଭାରତୀୟ ଜୀବନବୋଧକୁ ପ୍ରଚୋଦିତ କରୁଥିବା ଜୀବନଦର୍ଶନ ପ୍ରତି ଅତୁଟ ଆସ୍ଥା।

ସମ ଜୈବମଣ୍ଡଳରେ ଅବସ୍ଥାନ କରୁଥିବା ପ୍ରତିଟି ଜୀବସତ୍ତାର ଜୀବନ ଜୀଇଁବା ପ୍ରେକ୍ଷାପଟରେ ନିଜ ନିଜର ସ୍ୱାତନ୍ତ୍ର୍ୟ, ବୈଶିଷ୍ଟ୍ୟ ରହିଛି। ଜୀବଜଗତର ଏହି ସ୍ୱାଭାବିକ ଜୀବନ ପ୍ରକ୍ରିୟା ଭିତର ଦେଇ ପ୍ରତିଟି ଜୀବ ନିଜ ବ୍ୟକ୍ତିଗତ ତଥା ଗୋଷ୍ଠୀଗତ ଜୀବନଧାରଣ ପଦ୍ଧତିକୁ ଆପଣେଇଥାଏ। ତେବେ ଚେତନାଗତ ସ୍ତରରେ ଆଗକୁ ବଢ଼ିବାର ଅଭୀପ୍ସା ମନୁଷ୍ୟ ବ୍ୟତିରେକ ଅନ୍ୟ କୌଣସି ଜୀବଠାରେ ଦେଖାଯାଏ ନାହିଁ। ଅପର ପକ୍ଷରେ ମଣିଷ ନିଜର ଆଧିପତ୍ୟ-ବିସ୍ତାରମନସ୍କତାର ଶିକାର ହେତୁ ସେ କେବଳ ନିଜ ପ୍ରଜାତିର କ୍ଷୟସାଧନ କରେ ନାହିଁ ପରନ୍ତୁ ପ୍ରକୃତି ଓ ତା'ର ପ୍ରାକୃତିକତାକୁ ନଷ୍ଟ କରିଥାଏ। ମଣିଷର ଏହି ପ୍ରକୃତି-ଲୁଣ୍ଠନ-ମନସ୍କତା କିପରି ଆମ ଜୈବମଣ୍ଡଳକୁ ପ୍ରଳୟାଭିମୁଖୀ କରାଏ ସେଥିପ୍ରତି କବି ନାୟକ ବେଶ୍ ସଚେତନ। ମହାମାରୀର ଉତ୍ପତ୍ତି ଓ ବିସ୍ଫାତ (କରୋନା) ସବୁକିଛି ମାନବକୃତ। ଜ୍ଞାନ ଚର୍ଚ୍ଚାର ପରମ୍ପରା ଓ ଗବେଷଣା କିପରି ଦିଶାହୀନ ହୋଇ 'ବସୁମାତା ଆଖିରେ ଜଗେଇଛ ଲୁହର ବିଦ୍ରୋହ' ତା'ର ଏକ ସିନ୍ଥେସିସ କରିଛନ୍ତି କବି ନାୟକ। ମଣିଷ ହେବ ପ୍ରାକୃତିକ ଓ ପ୍ରକୃତି ମାନବୀୟ ରୂପ ଧାରଣ କରି ମଣିଷକୁ ନିଜ କୋଳରେ ଆଶ୍ରା ଦେବ। ଏହିଭଳି ଏକ ଅନୁଭବର ଅବତାରଣା ତାଙ୍କ କବିତାକୁ କ୍ରାନ୍ତିଦର୍ଶୀ କରାଇଛି। ଭାବବାଦୀ ତଥା ସ୍ୱପ୍ନକୈନ୍ଦ୍ରିକ ଜୀବନ ଅପେକ୍ଷା ବାସ୍ତବଜୀବନ ଓ ମାନବିକ ମୂଲ୍ୟବୋଧ ପ୍ରତି ଆନ୍ତରିକତାର ଏକ ଅହେତୁକ ଆକର୍ଷଣ କବି କୃପାସିନ୍ଧୁଙ୍କୁ ସ୍ମରଣଯୋଗ୍ୟ ଓ ଆୟୁଷ୍ମାନ କରି ରଖିବ ବୋଲି ପ୍ରତ୍ୟୟଟିଏ ସୃଷ୍ଟି ହୁଏ।

- ଡ. ନଗେନ କୁମାର ଦାସ

॥ ଏକ ॥

କାହିଁ କେତେ ବର୍ଷର
ଅବିଚ୍ଛିନ୍ନ ସଂଘର୍ଷ ଉତ୍ତାରେ
ଯାହା ଉତ୍ତୁରିଲା, ତା' ଥିଲା କି
କେବଳ ଜନ୍ମଗତ ଦୋଷ ଯାହା
ସଂଚରିଗଲା
ଏ ଦେଶର ମାଟି, ପାଣି, ପବନରେ,
ଜନଜୀବନରେ, କେଉଁ କାରଖାନାର ସହଜାତ ପ୍ରଦୂଷଣ ପରି
ସହରାଂଚଳରୁ
ଦୂରବର୍ତ୍ତୀ ଗାଁଗଣ୍ଡା ଦାଣ୍ଡ ଦଣ୍ଡା,
ବିଲବାଡ଼ି ବଣଭୂଇଁ ଯାଏ।

ତା'ର ପ୍ରକୋପ କି ପ୍ରସରିଲା ଦିଲ୍ଲୀରୁ
ପଲ୍ଲୀ ନେତା ଯାଏ ? ଯା'ର

ଧୂଳିଝଡ଼ରେ ଜନତା ଅତିଷ୍ଠ, ଅଥଚ
ଭୋଟ ଋତୁ ଆସିଲେଇ
ସେଇ ସେଇ ପ୍ରତିଶ୍ରୁତିରେ
ସାରା ଦେଶର
ଆକାଶ ବତାସ ନିନାଦିତ ।

ଏ ଭିତରେ ବଦଳିଲେଣି
କେତେ ପିଢ଼ିର ନେତା,
ହେଲେ ଏଯାଏଁ ବଦଳି ନାଇଁ
ପ୍ରତିଶ୍ରୁତିର ମାୟାଜାଲ,
ବଦଳି ନାଇଁ ଦେଶର ଅବସ୍ଥା ।

ବଦଳଂତା କେମିତି ?
ସେ କାଳର ତିନି ଚାରି ଦଳରୁ
ଏବେ ଯେ ନିର୍ବାଚନ ମୈଦାନରେ
ଅବତୀର୍ଣ୍ଣ ଅଗଣିତ ବ୍ୟକ୍ତିବାଦୀ ଦଳ, ଯାହାଂକର
ଏକମାତ୍ର ପୁଂଜି ଦାରିଦ୍ର୍ୟ ଓ ଜାତି,
ଭାଷା, ଧର୍ମ ପରିବାର
ସ୍ୱାର୍ଥବାଦ ଏକଇ ଦର୍ଶନ ।

ସାତ ପଛର ଦେଶମାନେ
କେଡ଼େ ସୁଂଦର ଆଗେଇ ଗଲେଣି
ଶୃଂଖଳାରେ, ସ୍ୱଛଳତାରେ, ସଚ୍ଚୋଟତାରେ,
ସୁସ୍ଥ ପରିବେଶ ନିର୍ମାଣରେ,
ସେ ଦେଶକୁ ତୁଂଗ ନେତାଏ ଆମର
ସର୍କାରୀ ଗସ୍ତରେ ଫି ବର୍ଷ ଗଲେ, କିଂତୁ
ଥାଳପାତି ଦେବା ଛଡ଼ା
କିଛି ବି ଶିଖିଲେ ନାହିଁ

ସେ ଦେଶର ଆଗୁଆପଣରୁ, ଅବା
ଶିଖିଲେ ବି ଉପଯୋଗ କଲେ ନାହିଁ
ସ୍ୱାଧୀନତା ପରେ
ଦରିଦ୍ରମାନେ କିପରି ସେ ଦେଶରେ
ଦାସଫାଶରୁ ମୁକୁଳି
ହେଲେ ମଧ୍ୟବିତ୍ତ, ତେଣୁ ତ
ସାମ୍ୟ ମୈତ୍ରୀ ମୁକ୍ତିର ସ୍ୱପ୍ନରେ ଗଢ଼ା
ଗଣତନ୍ତ୍ର ଏବେ ପାଲଟିଛି
ସ୍ୱାଭିମାନ-ବିହୀନ ଥାଳତନ୍ତ୍ର !

ଅତଏବ ଆମ ବ୍ୟବସ୍ଥାର କିଛି ବି
ସୁଧୁରିଲା ନାହିଁ ସମୟାଂତରରେ
ସୁଧୁରିଥିଲେ ତ
ହରାଇବାକୁ ପଡ଼ିଥାଂତା
ଅନେକ ଅନାଡ଼ି ଓ ଅପରାଧୀଂକ ପ୍ରାର୍ଥୀତ୍ୱ
ତାଂକ ମୋଟା ବେତନ ଓ ଭତ୍ତା,
ଗାଡ଼ି, ବାଡ଼ି, ଗାଦି ଓ ମୁକୁଟ,
ରାଜଯୋଗର ଏ ବିରଳ ଭୋଗକୁ
ହାତଛଡ଼ା କରି ସେମାନେ ବା କାହିଁକି
ଜ୍ଞାନୀଗୁଣିଂକୁ ଛାଡ଼ିଥାଂତେ ବାଟ ?

ତେଣୁ ଯେ ଜାରି ରହିଛି
ଅର୍ଥ-ବାହୁ-ଛଳବଳେ
ସିଂହାସନ ଦଖଲର ନିଶା, ପକ୍ଷାଂତରେ
ଅଣାୟତ୍ତ ନଈବଢ଼ି ପରି,
ଦେଶରେ ବଢ଼ିଚାଲିଛି ବିଷମତା,
ବେରୋଜଗାରୀ,
ଶୋଷଣ ଧର୍ଷଣ ଦୁର୍ନୀତି ଦରିଦ୍ରତା ।

ଏଥିରେ ଆଶ୍ଚର୍ଯ୍ୟ କ'ଣ ?
ଆଶ୍ଚର୍ଯ୍ୟ ହେଉଛି ଏ ଦେଶର ଜ୍ଞାନୀଗୁଣୀ
ନୀରବ ନିଷ୍କ୍ରିୟ, ଏବଂ
କେଉଁ ରୁଗ୍‌ଣ ଅରଣ୍ୟରେ
ଭ୍ରମୁଥିବା ଦିଗହରା ପରି
ନୂଆ ପିଢ଼ି ଦ୍ୱିଧାଗ୍ରସ୍ତ
ନିର୍ଲିପ୍ତ ଓ ମୂକ ।

॥ ଦୁଇ ॥

ଅଭାବୀ ବସ୍ତିରେ ଦିନୁଦିନ ବଢୁଥିବା
ତାଟିଘର ପରି
ବଟିର ଭାଗଶେଷରେ ଗଢ଼ା
ଆମ ବସଂତ ମୁହାଁ ରାସ୍ତାରେ ଏବେ
ଗଡୁଛି ଛୋଟବଡ଼ ଅଗଣିତ ଗାଡ଼ି,
ଅନେକଂକ ବେଲଗାମ ଚକତଳେ
ଟ୍ରାଫିକ୍ ନିୟମ ସବୁ ତ
ରସାତଳଗାମୀ, ବଟିଦେଇ ପାଇଥିବା ଲାଇସେନ୍ସଧାରୀ
ବ୍ୟସ୍ତ କେମିତି ଆକ୍ସିଲେଟର ଚାପି
ଅନ୍ୟକୁ ଟପିଯିବାରେ, ତେଣୁ ତ
ବିଶ୍ୱର ସର୍ବାଧିକ ରକ୍ତ ବହେ
ନିତି ପ୍ରତି ଆମରି ରାସ୍ତାରେ।

ଥରେ ଦେଖିନେଲେ
ବିକଶିତ ଦେଶମାନଙ୍କର ରାସ୍ତା,
ଜଳଜଳ ଦିଶିଯାଏ
ଆକାଂକ୍ଷାର ଭିନ୍ନତା
କେଉଁଠି ପାଞ୍ଚବର୍ଷରେ
ବହୁକୋଟି ସଂପତ୍ତିର ମାଲିକ ହେବାର,
ତ କେଉଁଠି ସଂକଳ୍ପଟି ଦେଶାତ୍ମବୋଧତା,
ଶୃଂଖଳା ଓ ସାଧୁତାର, ଯାହା
ମୂଳମଂତ୍ର ଦେଶ ବିକାଶର।

ସେଠାକାର ପ୍ରାୟ ରାସ୍ତା ସୁଯୋଜିତ,
ପକ୍କା ସମତଳ,
ଯାହା ବେଗଭିତ୍ତିରେ ବିଭାଜିତ
ବାମରୁ ଡାହାଣ,
ପ୍ରଥମରେ ପାଦପଥ,
ଦ୍ୱିତୀୟରେ ସାଇକେଲ୍
ତା'ପର ଲାଇନ୍ ସବୁ ବାଇକ୍ ଓ
ବଡ଼ ଗାଡ଼ି ପାଇଁକି ଉଦ୍ଦିଷ୍ଟ।

କ୍ଷିପ୍ରତରେ ଯିବାକୁ ଚାହିଁଲେ
ଧରିବାକୁ ହେବ
ନିର୍ଦ୍ଧାରିତ ଡାହାଣ ଲାଇନ୍
ସବୁଥିରେ ଟ୍ରାଫିକ୍ ସଂକେତ
କେତେକରେ ସିସି କ୍ୟାମେରା ଖଚିତ
ନିୟମ ଉଲ୍ଲଂଘନରେ ଉପଯୁକ୍ତ ଦଂଡ଼ ଅବା
ଜୋରିମାନା,
ଏଠାପରି ବଟି ଧରେଇ ଖସିବାର
ପ୍ରଶ୍ନଇ ଉଠେନା!

ଏଠି ତ ବଟି ଆମ କେଉଁକାଲୁ ଦେହସୁଆ
କେଉଁଠୁ ଏ ବଟିର ଉତ୍ପତ୍ତି ?
ଥିଲାବାଲାର ନିର୍ଲଜ ଲୋଭରୁ
ନା ନଥିଲାର ନଷ୍ଟ ସ୍ୱଭାବରୁ, କିଂତୁ
ଶିଖରରୁ ନଦୀ ଶଯ୍ୟା ଯାଏ
ପାହାଡ଼ି ଝରଣା ପରି,
ତୁଂଗ ନେତା ଠାରୁ
ତଳିଆ ମଣିଷ ଯାଏ
ତା'ର ଅଂକାବଂକା ସ୍ରୋତ
ପ୍ରତ୍ୟକ୍ଷ ବା ପରୋକ୍ଷରେ ବେଶ୍ ପ୍ରବାହିତ ।

ରାସ୍ତା, ପୋଲ, ଆନିକଟ, ବିଜୁଳିରୁ
ଯୁଦ୍ଧ ସରଂଜାମ ଯାଏ
ସବୁକୁ ଗିଳିଛି ବଟି ଉଈ ଭଳି,
ସର୍କାର ଯେଉଁଠି ସ୍ୱୟଂ ବଟିର ବାଲ୍ମୀକି
ଚାକିରିଆ କାହିଁକି ବା ଉପୁରି ଛାଡ଼ିବେ ?
କେବଳ ଜନତା ହିଁ ଛଟପଟ
ଜ୍ଞାନୀଗୁଣୀ ନୀରବ ଦର୍ଶକ ।

କର୍କଟ ରୋଗର କୋଷପରି
ବଟି ତେଣୁ ଅଣାୟତ୍ତ, ଯାହା
ବିନାଶ କରି ଚାଲିଛି ଆମ ନୈତିକତା ଓ
ବିକାଶର ପଥ ।

■

॥ ତିନି ॥

ପକ୍ଷୀମାନେ ଆହାର ବିହାର ଖୋଜି
କେଉଁ ସ୍ୱଚ୍ଛଳ ଇଲାକାକୁ ଉଡ଼ିଗଲା ପରି
ଫି ବର୍ଷ ଏ ମାଟିର ମେଧାବୀ ପିଲାଏ
ପ୍ରବେଶିକା ପାରିହୋଇ
ଚାଲିଯାଆନ୍ତି ବିଦେଶର
ବିଦ୍ୟାୟତନକୁ, ଯେଉଁଠୁ
ପଢ଼ାପରେ ଗଂଗଦତ୍ତମାନେ
ଇଚ୍ଛା କରଂତିନି ଆଉ
ଫେରିବାକୁ ପୁରୁଣା କୂଅକୁ !

କୂଅରେ ରହିଯାଏ ବାପା ମା'ଂକ
କୋହଭରା ଛାତି,
ଲୁହ ଛଳଛଳ ଆଖି

କେତେ ଆଶା ଅଂତର୍ଭଜା ସ୍ମୃତି
ଯଦିଚ୍ କାବ୍ୟିକ ସାଂତ୍ୱନା,
ଚଂଦ୍ର-କୁମୁଦିନୀ ପରି
ଯେତେଦୂରେ ଥିଲେ
ଯେ ଯାହାର ସେ ତାହାର, କିଂତୁ
ଜନ୍ମଭୂଇଁକୁ
ସମୁଜ୍ଜ୍ୱଳ କରିବାର ସ୍ୱପ୍ନ ଯାଏ
ଦିଗଂତେ ମିଳାଇ।

କେତେ ପିଲା କ୍ୟାଂପସ୍‌ରୁ
ପଶିଯାଆଂତି ଅର୍ଥବଳୟରେ,
କେତେକ ବାଧ୍ୟହୋଇ ବରି ନିଅଂତି
ଅଧ୍ୟାପନା, ତା'ବି
ବିଳଂବିତ ବଛାବଛି ବଟି ଦାନ
ପ୍ରିୟାପ୍ରୀତି ପକ୍ଷପାତି ଆଦି କେତେ
ବାଧକତା ଡେଇଁ।

ତେଣୁ ତ ଏ ମାଟିର ଶିକ୍ଷାୟତନରେ
ଖୋଜିବାକୁ ପଡ଼େ
ସଚ୍ଚା ଗୁରୁଟିଏ
ପ୍ରାଥମିକଠାରୁ ଉଚ୍ଚ ପାଠ୍ୟକ୍ରମ ଯାଏ,
କେଉଁ ଛକ ସ୍ଥାନରେ ନିଇତି ଅପେକ୍ଷାରତ
ଭିନ୍ନ ଭିନ୍ନ ମୂଲିଆଙ୍କ ପରି
ଶିକ୍ଷକମାନେ ବି ଏଠି ବିଭାଜିତ
ଶିକ୍ଷାକର୍ମୀ, ସହକାରୀ,
ସାମୟିକ, ଠିକା ଶିକ୍ଷକରେ !

ଏ ଇତର ବ୍ୟବସ୍ଥାକୁ ସଂସ୍କାର ବୋଲି
କିଏ ବିଚାରିଲା ?
କିଏ ସାକ୍ଷାତ ପରମବ୍ରହ୍ମଙ୍କୁ
ସଚିବାଳୟ ଛକ ତଂବୁତଳେ
ଧାରଣାରେ
ଆଣି ବସାଇଲା ?

କେଉଁଠି ସ୍ୱୟଂଶାସିତ ହେଲା
ମହାବିଦ୍ୟାଳୟ,
ସିଲାବସ୍ ସରିଲାନି
ଲିକ୍ ହେଲା ପ୍ରଶ୍ନପତ୍ର
କପି ନେଇ ସ୍କ୍ୱାର୍ଡ଼ ସଂଗେ ତର୍କ,
ତ କେଉଁଠି ମୂଲ୍ୟାଂକନରେ ବିଭ୍ରାଟ
ଛାତ୍ର ଧର୍ମଘଟ,
ସମାଧାନ କଥା ଯାଏ ହାଇକୋର୍ଟ ଯାଏଁ
ରାୟ ବାହାରୁ ବାହାରୁ ଶିକ୍ଷାବର୍ଷ
ବିତି ସାରିଥାଏ !

ପ୍ରାଥମିକ ସ୍କୁଲ ହେଲା
ମଧ୍ୟାହ୍ନ ଭୋଜନଶାଳା,
ଶିକ୍ଷକଙ୍କ ଭେଟ ମିଳେ
ସଉଦା ହାଟରେ, ତେଣେ
ଉପସ୍ଥାନ ପକେଇ ପିଲାଏ,
ଖାଇସାରି ଘରମୁହାଁ
ସର୍କାରୀ ସାଇକେଲ୍‌ରେ !

କି ଥିଲା ବିଦ୍ୟାୟତନ,
କି ହୋଇଛି ଆଜ

ଯେଉଁ ଗୁରୁ ଶିଷ୍ୟମାନେ
ବିକଶିତ କରିଥାଂତେ
ତାଂକ ଭାଷା ସାହିତ୍ୟକୁ
ସେ ଆଶା ଆଜି ଶୁଖିଲା ସଳିତା ପରି
ଯାଉଅଛି ଲିଭି,
ବ୍ୟବସ୍ଥାର ଅଂତର୍ଭଉଁରୀରେ
ଏ ମାଟିର ଶିକ୍ଷା, ଶିକ୍ଷାଳୟ ଓ
ସଂସ୍କୃତି ବୋଇତ ଯାଉଅଛି ବୁଡି।

■

॥ ଚାରି ॥

କେଉଁ ଅଲିଖିତ କାଳର
ଲହୁଲୁହାଣ ମୋଡ଼ରେ
ମଣିଷର ପଶୁତାକୁ
ମାନବୀୟ କରିବା ପାଇଁକି
ଏ ମାଟିର କିଛି ସର୍ଜମାଣ ଚିଂତକଂକୁ
ଦିଶିଥିଲା
ଶୃଂଖଳିତ ଜୀବନର ରାହା
କଳିଂଗ ଯୁଦ୍ଧର ରକ୍ତାୟିତ ରାତିପରେ
ଧର୍ମୋଦୟ ପରି ।

ତା'ଥିଲା ସ୍ନେହ, ପ୍ରେମ, ଦୟା, କ୍ଷମା ଓ
ସହନଶୀଳତାରେ ଗଢ଼ା ଏକ
ଅମୂଲ୍ୟ ଧାରଣା, ଧରି ରଖିବାକୁ

ସଭିଁଙ୍କୁ ସଂପ୍ରୀତିରେ, ତେଣୁ ତାକୁ
ଧର୍ମ ବୋଲି କୁହାଗଲା
ଯିଏ ଯେଉଁ ଭୂଖଂଡ଼ର
ବାସିଂଦା ହେଲେବି, ବସୁଧାକୁ
ଗୋଟିଏ କୁଟୁଂବ ମଣିବା
ତା'ର ମଂଜ କଥା ଥିଲା ।

କିନ୍ତୁ କାଳର ଗତି ବିଚିତ୍ର
ନଦୀର ନିର୍ମଳ ଜଳ
କେଉଁ କାର୍ଖାନାର ଆବର୍ଜନାରେ
ପ୍ରଦୂଷିତ ହେଲା ପରି
ଧର୍ମର ସାର୍ବଜନୀନତା ଭିତରକୁ
ଅନୁପ୍ରବେଶିଲା ସେ କାଳର
ଶାସକୀୟ ଅତ୍ୟାଚାର, ବିଚାର ଓ
ଅହଂକାର ।

ଏବଂ ସେ ସବୁର ସଂକ୍ରମଣରେ
ଧର୍ମ ପାଲଟିଗଲା ସାଂପ୍ରଦାୟିକତାର
ବିଷବୃକ୍ଷ, ଯା'ଛାଇରେ
ଅବାଧେ ଆଶ୍ରିତ ହେଲା
ଶାସକ ଓ ସିଂହାସନ ଯୁଗ ଯୁଗାଂତର !

ଧର୍ମ ରହିଗଲା କେବଳ
ଭାଷାକୋଷୀ ଶବ୍ଦହୋଇ, ଏବେ ତ
ଧାର୍ମିକ ଓ ଧର୍ମ ନିରପେକ୍ଷ ରାଷ୍ଟ୍ରମାନେ
କ୍ଷେପଣାସ୍ତ୍ର ଧାରଣରେ ଲିପ୍ତ
ତେବେ ବି କେହି ନୁହଁନ୍ତି ସୁରକ୍ଷିତ
ଭୟ ଓ ଆତଂକ ସବୁରି ଆଖିରୁ
ପୋଛି ନେଇଛି ନିଦ ।

କାଠହଣା ପକ୍ଷୀପରି କବି
କେତେକାଳ କଲମରେ
ହାଣି ଚାଲିଥିବ ବଢ଼ଂତା ବିଷବୃକ୍ଷକୁ
କେତେକାଳ ନିର୍ନିମେଷ ନୟନରେ
ଚାହିଁ ରହିଥିବ
ଦୂରକୁ ଦୂରକୁ ଘୁଂଚି ଘୁଂଚି ଯାଉଥିବା
ଉଦୟାଚଳକୁ
କେତେ କାଳ ?

॥ ପାଂଚ ॥

ଫି ବର୍ଷ ବଢ଼ିପାଣି ଘେରରେ
କଲବଲ ହେବା
ପଖିଆ ମଡ଼େଇ କ୍ଷେତବାଡ଼ି
କାଦୁଅରେ ଘାଣ୍ଟି ହେବା
ରାତିସାରା ମଶା କାମୁଡ଼ାରେ
ଛଟପଟ ହେବା କି ଜୀବନ ?

କେବେଠୁ ତ ପ୍ରତି ପାଂଚବର୍ଷରେ
ଗାଁ'ଠୁ ପ୍ରଗତି ଆରଂଭିବା କଥା
ଶୁଣି ଆସୁଛନ୍ତି ଲୋକେ
କିଂତୁ କାହିଁ ?
ପ୍ରତିଶ୍ରୁତିର ଗଛରେ ଏ ଯାଏ
ଫୁଲଫଳ କିଛିବି ଧରିଲା ନାହିଁ ।

ତେଣେ ଛୁଟିରେ ଯିଏ ଫେରିଲା ଗାଁ'କୁ
ସେ କହିଲା ଜୀବନ ତ ଅଛି ସହରରେ
ସେମାନଙ୍କ ଉସ୍‌କାଣରେ
ଗାଁ'ରେ କିଛି କାମଧଂଦା କରୁଥିବା
ଅଧାପାଠୁଆ ବି
ସେଠାକୁ ମନ ବଳାନ୍ତି
ବିନା ଡାକରାରେ ।

ସହର !
ଦୂରବର୍ତ୍ତୀ ପାହାଡ଼ ଫାଂକରୁ
ଫିଟିଆସୁଥିବା ଅରୁଣିମା ପରି
ସତେ କି ସୁଂଦର ?
ସେଇ ଛବି ଟାଣେ ତାଂକୁ ଏବଂ
ଦିନେ ବଡ଼ିଭୋରରୁ ଉଠି
ଗାଁ' ଛାଡ଼ି ଚାଲଂତି ତାଙ୍କ ସ୍ୱପ୍ନିଳ ସହର !

ପଛରେ ରହିଯାଏ
ପିଲା ପରିବାରର ଛଳଛଳ ଆଖି,
ବଢ଼ି ପରେ ମରାମତିରୁ ବଂଚିତ ମାଟିଘର
ବିକଳ ବିଲବାଡ଼ି
ବାବୁ ସାଆଂତଙ୍କ ଘରେ
ଦରଶୁଝା ମୂଳ ।

ପହଂଚିବା ପରେ ସୁରୁ ହୁଏ
ସହରୀ ଅଧ୍ୟାୟ
ବସାଘର, କାମଧନ୍ଦା ଆଦି ଯୋଗାଡ଼ର ।

କେଉଁ ସ୍ୱାର୍ଥପ୍ରିୟ ପ୍ରତିନିଧିର ଶକ୍ତ ଇଶାରାରେ
ମିଳିଯାଏ ବସ୍ତିରେ

ଝାଟିମାଟି ଘର, ହୁକଟଣା ବିଜୁଳି ଓ
ପାଣି ପାଇଁ ପାଖ ଚାପାକଳ
ସ୍ନାନ ଅବା ଶୌଚ ପାଇଁ ଖୋଲା ଦଶଦିଗ।

କାମର ତ ବୁଢ଼ିଆଣି ଜାଲ
ପ୍ରତି ଗଳି, ପ୍ରତି ଛକ ସବୁଠି -
ଖାଲି ମାଛି ଭଳି ଯୋଖିହେବା କଥା
କେଉଁ ଠିକାଦାର ପାଖେ,
ହୋଟେଲରେ ଅବା ଦୋକାନରେ,
କା'ର ଅଭୟବାଣୀରେ କେହି ଅଭିମାନୀ
ଫୁଟପାଥ୍ କଡ଼େ କ୍ୟାବିନ୍ ପକାଏ, ଅବା
ଦଳ ଅଫିସ୍‌ରେ ବୋଲହାକ କରି
ଦାନା ପାଣି ପାଏ !

ଗାଁ'ଠାରୁ ଖଟଣି ବେଶି ହେଲେ ବି
ବାଧ୍ୟବାଧକତାରେ ସେମାନେ
ଆଦରି ଯାଆଂତି
ସହରକୁ, କିନ୍ତୁ
ଆକାଶରୁ ବଜ୍ରପାତ ହେଲା ପରି
ବସ୍ତିଭଂଗା ନୋଟିସ୍‌ରେ ତାଂକ
ମୋହଭଂଗ ହୁଏ,
ସେତେବେଳେ ପ୍ରତିନିଧି କି ଆଉ
ଧରାଛୁଆଁ ଦିଏ ?

ଝଡ଼ିଯାଇଥିବା ପତ୍ର ରାସ୍ତାକଡ଼ ବାଡ଼ମୂଳେ
ଛଟପଟ ହେଲା ପରି,
ନିର୍ବାସିତ ସହରରୁ
ଏବେ କେଉଁ ମୁହଁ ନେଇ
ସେମାନେ ଫେରିବେ ଗାଁ'କୁ

ବରଂ ଦୋଷ ଦେଉଥିବେ
ଭାଗ୍ୟକୁ, ବ୍ୟବସ୍ଥାକୁ ଯାହା
ଭାଂଗିରୁଜି ଦେଇଛି
ତାଂକ ଜୀବନ ଜୀବିକାର
ସ୍ୱପ୍ନ-ସମ୍ଭାବନାକୁ
ତାଂକୁ କରିଦେଇଛି ତ୍ରିଶଂକୁ !

■

|| ଛଅ ||

ନିର୍ବିଚାରରେ ନିର୍ମିତ କାର୍ଖାନା
ପାଖ ନଈପାଣିକୁ ପ୍ରଦୂଷିତ କଲାପରି
ଧନବଳୀ ବାହୁବଳୀ ଅଜ୍ଞାନୀଂକ ଅନୁପ୍ରବେଶରେ
ରାଜନୀତି ବିଷାକ୍ତ ହେଉଛି
ସଂସଦ ବିଧାନସଭା ପାଲଟୁଛି ରଣକ୍ଷେତ୍ର
ଜନହିତ ନାମରେ ବଜେଟ୍ ହେଉଛି
ହେଲେ ହିତକର ଗଂଗାଧାର
ବିଷ୍ଣୁ ନଖକୋଣରେ ପଶୁଛି ।

ଯେଉଁ ବୁଂଦା ଛିଟିକି ପଡୁଛି
ସେଥିରେ ହେଉଛି ଅଳ୍ପାୟୁଷ ରାସ୍ତା
ପାଣିହୀନ ପାଣିକଳ, ପୂତିଗଂଧ ଶୌଚାଳୟ
କାମଚଳା ସ୍ୱାସ୍ଥ୍ୟକେଂଦ୍ର,

ଅପେକ୍ଷାରେ ଡାକ୍ତର ନିଯୁକ୍ତି
ଅଧାଦିନ ଖୁଂଟରେ ଜଳୁନି ବିଜୁଳିବତୀ
ଏଇତ ପ୍ରଗତି !

ତେଣେ ଏଇ ଅରାଜକତା-ପ୍ରସୂତ
କଳା କୋଟିପତିଙ୍କ ଭବ୍ୟ ପ୍ରାସାଦର
ସୁରମ୍ୟ ରଂଗଶାଳାରେ
ହୁଇସ୍କି, ସୋଡ଼ା, ବରଫ ଖଂଡ଼ର ଆୟୋଜନ
ଆକାଶ ଛୁଆଁ ଛାତରେ
ହେଲିକେପ୍ଟର ଭରୁଛି ଇଂଧନ !

ପକ୍ଷାଂତରେ,
ଗାଁ' ଛାଡ଼ି ବସ୍ତିରେ ଘାଂଟିହେଉଥିବା
ପ୍ରାଣୀଙ୍କ ହାତରେ ଉଚ୍ଛେଦର ପରୱାନା
ଏଇ ଆମ ଶାସନର ମଣିଷପଣିଆ
ଯାହା ଅନ୍ଧପୁଟୁଳି ବଂଧା
ନ୍ୟାୟକୁ ଦିଶେନା !

ଗାଁ'ରୁ ତ ହଜିଯାଇଛି ସୁଂଦର ଶାଗୁଆପଣ
ତା'ର ବାଡ଼ିବଗିଚା, ମାଛଚାଷ, ତୁଳାଭିଣା
ତେଲଘଣା, ମହୁଫେଣା ଆଦି ଉତ୍ପାଦନ
ଏମିତି ମିଳିଛି କେତେ ପ୍ରତିଶ୍ରୁତି-
କୃଷିର ଉନ୍ନତି, ଗ୍ରାମ୍ୟ ଶିଳ୍ପ, ଦକ୍ଷତା ବିକାଶ ଓ
କର୍ମନିଯୁକ୍ତି, ହେଲେ
କିଛି ବି ଫଳିଲା ନାହିଁ
ପାଠୁଆ ପିଲାଏ ଚାଲିଲେ ଦୂରକୁ ବା
ଦରିଆପାରିକୁ,
କମ୍ ପାଠୁଆଏ ନିଜ କ୍ଷେତବାଡ଼ି ଥାଇ

କସ୍ତୁରୀ ଖୋଜା ମୃଗପରି
ଗାଁ' ଛାଡ଼ି ସହରେ ଭ୍ରମିଲେ
ବାକିମାନେ ଗାଁ' ମୁଂଡ଼ ଖଟିରେ ବସୁବସୁ
ଫସିଗଲେ ରାଜନୀତି ବିଷବଳୟରେ।

କଥାଟା ଆଉ ସଭା-ସଂସଦ ନିର୍ବାଚନରେ
ସୀମାବଦ୍ଧ ରହିଲାନି,
ନୋଟ୍‌ଭୋଟ୍ କିଣାବିକା
କ୍ୟାନ୍‌ସର କୋଷ ପରି
ହେଲା ପ୍ରସାରିତ
ଶିକ୍ଷାଳୟ, ସମିତି ପର୍ଯ୍ୟଂତ।

ଗଛରେ ଗଛରେ ଫୁର୍ତ୍ତିରତ ନାନା କିସମର
ପକ୍ଷୀପୁଂଜ ପରି
ଭିନ୍ନଭିନ୍ନ ଦଳାନୁଗାମୀଙ୍କ ଆଡ୍ଡାପାଇଁ
ଗାଁ'ମୁଂଡ଼ର
ଗୋଟିଏ ଯୋଡ଼ିଏ ଦୋକାନ ବଢ଼ିବଢ଼ି
ପାଲଟିଗଲା ବଜାର
ମୁଢ଼ି ମିକ୍ସଚ଼ରରୁ ମଦ,
ଚିକେନ୍‌ପକୋଡ଼ାଠାରୁ ପିଜ୍ଜା ଯାଏ
ଫୋନ୍ ମାତ୍ରେ ପ୍ୟାକେଟ୍‌ରେ
ସବୁ ଉପଲବ୍ଧ।

କେଉଁ ହରିଲୁଟ୍‌ରେ ତିଆରି
ହରରଂଗୀ ପୋଷ୍ଟର ଖଚିତ
ଦଳୀୟ ଖଟିରେ
ଠିକ୍ ସହର ପରିକା
ରାଜନୀତି କାଦୁଅ ଫିଂଗାରୁ ପିଟାପିଟି,

ପୋଡ଼ାଜଳା, ହିଂସା ଓ ହତ୍ୟାରେ
ସ୍ନେହ ପ୍ରେମ ପ୍ରକୃତିର ଗାଁ' ବି ଅତିଷ୍ଠ
ଏ ନୁହେଁ କି ବ୍ୟବସ୍ଥା ବଦଳର
ଚରମ ସଂକେତ ?

■

|| ସାତ ||

ମାଟିକୁ ଶୋଷଣ କରି
ମେଘଖଂଡ଼ମାନେ
କେତେବେଳେ ଅୟସରେ ଭାସମାନ
ତ କେତେବେଳେ
ପରସ୍ପର ଲଢ଼େଇରେ ମଗ୍ନ
ବର୍ଷାର ତ ଦେଖା ନାହିଁ,
ଖାଲି ବିଜୁଳି ଓ ବଜ୍ରପାତ
ମଣିଷ ଅନବରତ ମୃତାହତ
ସହସ୍ରବାର ଫଟାଭୂଇଁକୁ ଭରିଦେବାର
ଦୃଢ଼ ପ୍ରତିଶ୍ରୁତି,
ହେଲେ ପ୍ରତାରଣାରେ ଚିରକାଳ
ପୀଡ଼ିତ ଏ ମାଟି।

କେତେ କେତେ ଦ୍ରଷ୍ଟା ସ୍ରଷ୍ଟାଂକ ସୃଜିତ
ନୀତିଶ୍ରେଷ୍ଠ ରାଜନୀତି
ହନୁ ହାତେ ଶାଳଗ୍ରାମ ପରି
ଚତୁରଙ୍କ କଂଢ଼େଇ ନାଚ୍‌ରେ
ଉଜାଡ଼ି ଚାଲିଚି ଜଗତର ସୁଖଶାଂତି
ଫେଂଥା ଫେଂଥା ବଉଳର ଭବିଷ୍ୟକୁ
ପୌଷର କୁହୁଡ଼ି ନିର୍ବିଚାରେ
ଝାଡ଼ି ଦେଲା ପରି ।

ଦେଶେ ଦେଶେ ମହାମଞ୍ଚ,
ମେଡ଼ିଆରେ ଅଭିସଂଧିମୟ ଉଦ୍‌ଘୋଷଣା
ଘା'ପାଖେ ମାଛିଂକର ସଂବେଦନା ପରି
ମହାମାନ୍ୟବରଙ୍କ ସେଇ ସୈତାନୀ ଛଳ
ଦୃଶ୍ୟମାନ-ସଂକୀର୍ଣ୍ଣ ଜଗତାୟନ
ପ୍ରୋତ୍ସାହିତ ଆତଂକୀକରଣ
ଅହଂକାରୀ ଅନୁପ୍ରବେଶୀଙ୍କ
ମୁହଁଟାଣ
ଧର୍ମ-ବର୍ଣ୍ଣ-ଅଂଚଳ ଭିତ୍ତିରେ ମଣିଷର
ରକ୍ତଛିଟା ବିଭାଜନ !

ଏ କେମିତିକା ରାଜନୀତି
ଦେଶେ ଦେଶେ ବିବେକୀ ଦମନ
ଅସ୍ଥିରତା, ଅନିଶ୍ଚିତତା,
ଅସହିଷ୍ଣୁତା, ଯୁଦ୍ଧମୁହାଁପଣ
ଅଣୁଅସ୍ତ୍ରର ହୁଂକାର
ଶୁଭୁଅଛି ରହିରହି
ଭୀତତ୍ରସ୍ତ ଜାଗତିକ ଜନସାଧାରଣ ।
ଅପେକ୍ଷା କର, ବୋହିଲାଣି

ପୂବେଇ ପବନ, ହୁରୁଡ଼ିବେ
ଅହଂକାରୀ ମେଘଖଂଡ଼-
ଏ ସ୍ଥିତି ବଦଳି ଯିବ,
କାଗଜବିକା ପିଲାରୁ
ବିଜ୍ଞାନୀ କଲାମ ପରି
ରାଜନୀତି ପାଇଁ
ନୀତିନିଷ୍ଠ ନେତୃତ୍ୱର
ଅଭ୍ୟୁଦୟ ହେବ।

॥ ଆଠ ॥

ବନସ୍ତରେ ହିଂସ୍ରପଶୁଙ୍କ ଭୋକର ଛାଇରେ
ବଂଚୁଥିବା ଆତଂକିତ ପ୍ରାଣୀ ପରି
ଯୁଗେଯୁଗେ କ୍ଷମତାର
କୋରଡ଼ା ମାଡ଼ରେ
ଜନଜୀବନ ଯେବେ ହୋଇଛି ଆଂକ୍ରାନ୍ତ
ମଣିଷର ଅସହାୟପଣ ତେବେ
(କିଛି) ସମ୍ବେଦନଶୀଳ ହୃଦୟକୁ
କରିଛି ବ୍ୟଥିତ
ସେଥିରୁ ବିମୁକ୍ତ ମାଂଗଳିକ ରୂପକଳ୍ପ ସବୁ
ପାଲଟିଛି ଗୋଟେଗୋଟେ
ମହତ୍ତର କାବ୍ୟ।

ଜାତି ଧର୍ମ ଭାଷା ଭୂଗୋଳ ବିହୀନ ସେଇ
ସଂବେଦନଶୀଳ ହୃଦୟ

ଯୁଗ ଯନ୍ତ୍ରଣାର ମନ୍ଥନରୁ ଜାତ
ଉଦାହରଣୀୟ ଦୁଇ ଅମୃତ ପୁରୁଷ
ତାଙ୍କୁ ମହାକବି କୁହ ଅବା
ବାଲ୍ମୀକି ଓ ବ୍ୟାସ ।

ସର୍ଜିଲେ ସେ ରାମାୟଣ ମହାଭାରତ ବା
ଭଗବତଗୀତାର ଏପରି ମାର୍ଗଦର୍ଶୀ ରୂପ
ଯା'ର ଉଚ୍ଚାରଣରେ
ଉଦ୍‌ବୋଧିତ ଅଗଣିତ ଜନ
ଚିତ୍ରିତ ଚରିତ୍ରଙ୍କୁ ଆଦର୍ଶ ମଣିଲେ
ଆରାଧିଲେ ଘରେ-ଘରେ
ପୂଜା ଖଟୁଲିରେ
କାଳକ୍ରମେ ରାଜାଜ୍ଞାରେ ଗଢ଼ା
ବର୍ଦ୍ଧିତ ବିଗ୍ରହ ସବୁ
ଆସ୍ଥାନିତ ହେଲା
ଦେଉଳ ଭିତରେ ।

ସେଇ ମହିମା ବି ଶୁଭେ ଏ ମାଟିରେ
ବର୍ଣ୍ଣବୈଷମ୍ୟହୀନ ସାମ୍ୟ ମୈତ୍ରୀ
ମାନବୀୟତାର ପ୍ରତୀକ- ଶ୍ରୀଜଗନ୍ନାଥ
ଆଧାରିତ କାବ୍ୟ ଦର୍ଶନରେ
ଏଠି ବି ବିଷମତାର ବ୍ୟଥାରୁ ବିକଶିତ
ସାରଳା ଜଗନ୍ନାଥ ବଳରାମ
ଭୀମଭୋଇ ଫକୀରମୋହନ ପୁଣି
ମେହେରଠୁ ସଚ୍ଚିରାଉତରା ଯାଏ ।

ତେବେ ବି ସେ ଏ ବିମଳ କାବ୍ୟଧାରାକୁ
କେହି କପଟୀ ବ୍ୟାଖ୍ୟାନକାର
କରିଛି ବିକୃତ

ଅମୃତଭାଂଡ଼ରେ ଟୋପେ ବିଷ ପରି
ଜାତି-ଧର୍ମର ଭେଦବାଦ ହେଲା ସଂକ୍ରମିତ।

ତେଣୁ ତ ଧର୍ମ ନିଷ୍ପକ୍ଷତା ଗଣତାନ୍ତ୍ରିକତା ଆଦି
ଅଂତର୍ଯୁକ୍ତ ହେଲା
ହେଲେ ତା'ବି ପାଲଟିଲା
ଦଳତାଂତ୍ରିକ ଭୋଟବ୍ୟାଂକ୍‌ର ଅଂକ କଷା
ନୋଟ-ମଦ ବଂଟନ ବ୍ୟବସ୍ଥା
ଯେତେ ମାଠିଲେ ବି
ଦରପୋଡ଼ା କାଠ ପରି
ଅର୍ଦ୍ଧଶିକ୍ଷା-ଅଶିକ୍ଷା ହିଁ ଉଜାଡ଼ି ଚାଲିଲା
ଆମ ସାମୂହିକ ସଂହତି ଓ
ସହନଶୀଳତା।

କାଳାବର୍ତ୍ତରେ ଏ ଚରମ ଅବକ୍ଷୟୀ ବେଳ
ପାହାଂତା ପୂର୍ବର ଗ୍ଲାନିଭରା ଘନ ଅଂଧକାର
ହେଲେ ଦେଖ
ତା' ହଟିବା ଆରଂଭ ହେଲାଣି
ତା'ର ବିକଳ ପ୍ରତିବିଂବରୁ
ସୃଜନ ସତ୍ତାର ଏ'ତ ଉଦୟନ
ସ୍ୱାଗତ ପର୍ବର ଏବେ
କର ଆୟୋଜନ।

■

॥ ନଅ ॥

କେଉଁ ମହାଶୂନ୍ୟର ଅଂଧାରୀ ଗର୍ଭରେ
ସୃଷ୍ଟିଶୀଳ କଣିକାଙ୍କ ଅଂତର୍କ୍ରିୟାରୁ
ଉଦ୍‌ଭବିଲା ଏ ଜଗତ,
ଯାଦୁକରର ମୁଣିରୁ
ଗୋଟିଗୋଟି ହୋଇ ଜନ୍ମ ନେଲେ
ସୂର୍ଯ୍ୟ, ତାରା, ଗ୍ରହ, ଉପଗ୍ରହ ଆଉ
ସସାଗରା ଧରା ।

ଧରାର ପ୍ରତିଟି ଉପାଂଶ-
ମାଟି ପାଣି ପବନ,
ଗିରିବନ, ନଦନଦୀ, ଝରଣା ପ୍ରପାତ
ଜୀବଜନ୍ତୁ, ପଶୁପକ୍ଷୀ ସଂଗେ
ମଣିଷର ଅବସ୍ଥାନ ହେଲା ମଧୁମୟ ।

ଏକ ମାଆ ପେଟର ପୁଅଝିଅ ପରି
ସାରାଟା ମଣିଷ ଗୋଟିଏ ଉତ୍ସର ଅଂଶ ଭାବେ
ଯେତେ ଦୂରେ ଯିଏ ରହିଲେ ବି
ସ୍ୱାଭାବିକ ସମ୍ପର୍କିତ ହେଲେ, ତେଣୁ ତ
ପ୍ରାକ୍‌ବିଜ୍ଞାନ କାଳରେ ବି କେହି
ଦିବ୍ୟଦ୍ରଷ୍ଟା ବିମୁଗ୍ଧେ ଉଚ୍ଚାରିଥିଲେ-
'ବସୁଧୈବ କୁଟୁଂବାକମ୍' ଅବା
'ସର୍ବେଭବନ୍ତୁ ସୁଖିନଃ' ପରି
ଶୁଭେଚ୍ଛିତ ଶବ୍ଦମାନ।

କିନ୍ତୁ କାଳର ଗତି ବିଚିତ୍ର !
କିଛି ନ୍ୟସ୍ତସ୍ୱାର୍ଥୀଙ୍କ ନିଜ-ପର ଭେଦଭାବ
ନିଃଶେଷ କରିଦେଲା ସଂପୃକ୍ତ ପରିବାରର
ସେ ସଦ୍‌ଭାବନା
ସେମାନଙ୍କ ସୈତାନୀପଣରେ
ସଂଚ଼ରିଲା ହିଂସା, ପ୍ରତିହିଂସା
ରକ୍ତରେ ବୁଡ଼ିଲା
ସଂଘର୍ଷର ସ୍ଥଳୀ, କାଂଦିଲା ଧରଣୀ।

ଏଇ ଯାତନାକୁ ଶୋଷିନେଇ
କାଳାଂତରେ ବିବେକୀ ଚିଂତକମାନେ
ଭୂଗୋଳ ନିର୍ବିଶେଷରେ
ସବୁରି ଅଂତରେ
ମାନବୀୟ ଉତ୍ତରଣ ପାଇଁ
ରଚିଲେ-
ଗୀତା ବାଇବେଲ କୋରାନ ଆଦି
ମାର୍ଗଦର୍ଶୀ ତତ୍ତ୍ୱ,

ଏଥିରେ ବି ନ୍ୟସ୍ତସ୍ୱାର୍ଥୀଙ୍କୁ ସୁହାଇବା ଭଳି
ଯୋଡ଼ାହେଲା ଅନେକ ବ୍ୟାଖ୍ୟାନ
ଯା'କୁ ନିଜନିଜ ଭୂଖଂଡ଼ର ଧର୍ମ ବୋଲି
ମାନି ନେଲେ
ବାଧ୍ୟ ପ୍ରଜାଗଣ
ଧରା ସହ ମଣିଷର ହେଲା ବିଭାଜନ !

ପୁଣି ଆବିର୍ଭାବ ହେଲା ସାମ୍ୟ ମୁକ୍ତି ମୈତ୍ରୀ
ସତ୍ୟ ଅହିଂସା ଦର୍ଶନ, ସେ ସବୁ ବି
ତିଷ୍ଠିଲେନି
କାର୍ଖାନା ଆବର୍ଜନାରେ ପ୍ରଦୂଷିତ ନଦୀ ପରି
ଧର୍ମ ବର୍ଣ୍ଣ ଜାତିର ଆଳରେ
ପୁଂଜିକାମୀଙ୍କ ଅଂଧ ଆଧିପତ୍ୟରେ
ଅତିଷ୍ଠ ଜନଗଣ ।

ହିତକାରୀ ବିଜ୍ଞାନ ବି ପାଲଟିଛି
ଧ୍ୱଂସର ସାଧନ,
ପ୍ରତିରକ୍ଷା ବାହାନାରେ
ବୋମା ଅବା କ୍ଷେପଣାସ୍ତ୍ର ତିଆରି ବିକ୍ରିରେ
କା'ର ପୁଷମାସ ତ କା'ର ସର୍ବନାଶ
ଛଳ ଜଗତାୟନରେ ପ୍ରତାରିତ ଭୀତତ୍ରସ୍ତ
ପ୍ରତି ଭୂଖଂଡ଼ ମଣିଷ ।

ଦିନେହେଲେ ଆସିବ ସୁଦିନ,
କାଳରାତ୍ରିର କାରା ଭାଂଗି
ଅରୁଣ ଉଠିଲା ପରି,
ଜାଗ୍ରତ ହେବେ ଜଗତର ଜନ,

ଜର୍ମାନ ପ୍ରାଚୀର ଭଳି
ଗୋଟିଗୋଟି ହୋଇ ହଟିଯିବ
ସବୁ ସୀମାରେଖା
ସେଇଦିନ ସସାଗରା ଧରାରୁ
ଉତ୍ଥିତ ଅମୃତ ବିଂଦୁରେ
ଜୀବନ୍ୟାସ ପାଇବ
ଅଖଣ୍ଡ ବସୁଧାପାଇଁ ପୂର୍ବସୂରୀଙ୍କ
ମୁମୂର୍ଷିତ ସ୍ୱପ୍ନ ।

■

॥ ଦଶ ॥

ସଭିଙ୍କର ଜୀବନ ପ୍ରବାହ
ଯେଉଁ ବସୁଧାରେ
ସହଭାଗିତାରେ
ଦିବ୍ୟ କୁଟୁମ୍ବୀୟ ହେବା କଥା
ତାହା ସଂକୀର୍ଣ୍ଣ ସ୍ୱାର୍ଥରେ
ପାଲଟିଲା ସାତପର, ବିଚ୍ଛିନ୍ନ ଓ
ବିଭୀଷିକାମୟ।

କେତେ ନିୟୁତ ବର୍ଷର
ବିବର୍ତ୍ତନ ପ୍ରକ୍ରିୟାରେ ଉତ୍ତରିତ
ପଶୁ ପ୍ରଜାତିକୁ
ମାନବୀୟତାର ଯେଉଁ ମୂଲ୍ୟମାନ
ସଂସ୍କାରିତ କରିପାରିଥାନ୍ତା

ଅଙ୍ଗାରର କଠୋର ମଳିନତା ପରି
ନାନା ବିଭ୍ରାଂତିରେ ଗଢ଼ା ବଖାଣର
କିଛି ହେଲେ ବଦଳିଲା ନାହିଁ ।

ଜଳ ସ୍ଥଳ ଆକାଶର ସମଗ୍ରତା
ବହୁଧା ବିଭକ୍ତ ହେଲା
ନାନା ଆଂଚଳିକତାରେ ସୀମାବଦ୍ଧ ପ୍ରଜା
ଗରିବୀରୁ ଉଦ୍ଧାର ନୋହିଲା
ତେଣେ ଅହରହ
ଗୁଳିମାଡ଼ ବୋମାର ଗର୍ଜନ
ଚରମ ବର୍ବରତାରେ ହେଲା
ବସୁଧା ଲହୁଲୁହାଣ ।

ବିଶ୍ୱାୟନ କେବଳ ଉତ୍ପାଦ ବସ୍ତୁର
ବଜାରରେ ରହିଲା ସୀମିତ
ମଣିଷର ମୁକ୍ତ ଗତାଗତ
ପୃଥ୍ୱୀବ୍ୟାପୀ ସନ୍ତ୍ରାସୀଙ୍କ ହିଂସ୍ରତାରେ
ହେଲା ସଂକୁଚିତ ।

ଏବେ ଉଦୟ ରାଗର ଆଭା
ଛୁଇଁବାର ବେଳ
ଖୋଲିଦିଅ ଅନ୍ତର୍ଚେତନାର ଦ୍ୱାର
ଅଭୟାରଣ୍ୟ ପରି
ପୃଥ୍ୱୀ କି ନୁହଁଇ
ଅଭୟ ରଖିବାର ସ୍ଥଳ ?

ପୃଥିବୀ ତ ଦିଗ୍‌ବିଦିଗେ ବିଚ୍ଛୁରିତ
ସାରା ମଣିଷ ଜାତିର ଆଦି କୋଳ
ଥରେ ଅନୁଭବ କର
ମାତୃବତ୍ କୋଳେଇ ନବାର
ତା'ର ସ୍ନେହାତୁର ଆଲିଂଗନ
ଆକାଶର ଯେ କୌଣସି ଆଡୁ
ଛୁଟି ଆସୁଥିବା ମେଘଖଂଡ଼ ସମ।

■

।। ଏଗାର ।।

ମଣିଷ ପରିକା ପକ୍ଷୀ ବି
ବିବର୍ତ୍ତନ ପ୍ରକ୍ରିୟାରୁ ଉନ୍ମେଷିତ,
ପ୍ରୟୋଜନ ହେତୁ
ତା'ର ପ୍ରତ୍ୟଂଗ ବିକଶିତ-
ଆହାର ପାଇଁ ଥଂଟ,
ବିହାର ପାଇଁ ପକ୍ଷ, ଅଛାୟାସେ
ଅତିକ୍ରମ କରିପାରେ ସେ ଧରାକାଶର
ନାନା ବିକ୍ଷୁବ୍ଧ ପରିବେଶ
ପ୍ରଭେଦ ନାହିଁ ଏ ଗାଁ', ସେ ଗାଁ'
ଏ ସହର, ସେ ସହର, ଦେଶ ବା ବିଦେଶ
ସେ ତ ବିଶ୍ୱ-ପକ୍ଷୀ କୁଳର
ଆଜନ୍ମ ସଦସ୍ୟ !

ତା'ର ଇଚ୍ଛାମତେ
ଯେଉଁଠି ପାରେ ସେଠି ବସେ, ଉଠେ,
ଖାଏ, ପିଏ, ବିପ୍ରାତ ସାମ୍ନା କରେ,
ଉଲ୍ଲାସରେ ଅବା ଉଦାସରେ,
କାକଳିର ତାଳେତାଳେ
ହାଲ୍କା କରୁଥାଏ ଇଲାକା
କେବେ ଏକା,
କେବେ ସାଥୀ ସହଚର ମେଳେ
ବିମୁକ୍ତ ମନରେ ।

ପକ୍ଷାଂତରେ, ମଣିଷପାଇଁ ବି ବିସ୍ତାରିତ
ସାରାଟା ଜଗତ, କିନ୍ତୁ
ନିଜେ ବସିଥିବା ଡାଳରେ
କୁରାଢ଼ି ମାରିଲା ପରି,
ମଣିଷ ତା'ର ନିର୍ବୋଧପଣରେ ଗଢ଼ା
ଜାତି ଧର୍ମ ବର୍ଣ୍ଣ ଆଉ
ସ୍ୱଦେଶୀ ସଂକୀର୍ଣ୍ଣତାରୁ
ନାନା କଟକଣା କଂଦଳରେ ପଡ଼ି
ହରାଇଥାଏ ତା'ର ବୃହତ୍ତମ ଅଧିକାର
ସେ ଆପଣେଇ ପାରେନାହିଁ
ଆପଣାକୁ ନିର୍ମଳ ମନରେ ।

ଅତୀତର କିଛି ମହାନୁଭବୀଙ୍କ
ପ୍ରଶସ୍ତ ମାନବବାଦୀ ସଂଦେଶ
କେମିତି ଲଭିଥାଂତା ସହମତି
ବିଭକ୍ତବାଦୀଙ୍କର ଦାଂଭିକ ନେତୃତ୍ୱରେ ?
ତେଣୁ ତ ଏ ଧରଣୀ, ଏ ଆକାଶ,
ପର୍ବତ ନଦୀ ସମୁଦ୍ର ଗିରିବନ ଆଦି

ମୁକୁଳି ପାରୁନାହାନ୍ତି
ବିଭାଜନରୁ ବରଂ
ଆତଂକୀ ଅତ୍ୟାଚାରରେ
ନିଜନିଜ ଭୂଖଂଡ଼ରେ
ସଭିଏଁ ଜିଉଁଛଂତି ଉଦ୍‌ବେଗୀ ଜୀବନ।

କିବା ଅର୍ଥ ଏକବିଂଶ ଶତାବ୍ଦୀରେ ବିଜ୍ଞାନର
ଯୁଗାଂତକାରୀ ପ୍ରଗତି ଓ
ଜଗତାୟନର, ଯଦି ବିଲୁପ୍ତ ନହେଲା
କାଳକାଳର ବୈଷମ୍ୟ, ବୁଣି ନପାରିଲା ବିଜ୍ଞତା ଓ
ମାନବତାର ବିହନ, ଆଲିଂଗନ ନକଲା
ବିଶ୍ୱ ଜନମନ।

ନିଦାଘର ଶୋଷିଲା ମାଟିର ଆତୁର ଡାକରେ
ମେଘମାଳାଏ ଠୁଳ ହେଲା ପରି
ଏବେ ଆଖର ସମୟ
ବିଶ୍ୱନେତାଏ ଅଜ୍ଞତା ଓ
ଅଂହକାର ଛାଡ଼ି ଏକତ୍ର ହେବାର,
ଏକ ସୀମାହୀନ ସରସ ସୁଂଦର ଓ
ବିମୁକ୍ତ ଜୀବନପାଇଁ, ତେବେ ତ
ଏ ଧରାର ବିବିଧତାରେ ବିକଶିବ
ପରିପୂରକତା, ମହକିବ ମାନବତାପଣ
ମୂକ ହୋଇଯିବେ ଦିନେ
ଜାଗତିକ ଧ୍ୱଂସକାରୀ
ଗୁଳିଗୋଳା ବଂଧୁକ ଓ
ଅଣୁଅସ୍ତ୍ରମାନ।

■

॥ ବାର ॥

ଅନେକ ସଂଭାବନା ଥାଇ ବି
ଗ୍ରହ ଉପଗ୍ରହ
ସୂର୍ଯ୍ୟ ଚଂଦ୍ର ତାରାଭରା ଏ ଜଗତ
ହୋଇପାରିଲା କି ଶାଂତିର ଆସ୍ପଦ ?
ସହଜନ୍ମା ପଶୁପକ୍ଷୀ ବୃକ୍ଷଲତା
ନଦୀ ଝରଣାଦି ମେଳେ
ମଣିଷର ଏ ବସୁଧା
ହୋଇପାରିଲା କି
ଏକ-କୁଟୁଂବିତ ?

କେତେ ସହସ୍ର ଶତାବ୍ଦୀର
ବିବର୍ତ୍ତନ ପ୍ରକ୍ରିୟାରେ
ଏଇ ଯେ ଶ୍ରେଷ୍ଠ ପ୍ରଜାତି ହୋଇଥିଲା
ଅମୃତ ପାତ୍ରରେ କେଇ ବୁଂଦା ବିଷର
ବିକ୍ରିୟା ପରି
କିଛି ସ୍ୱାର୍ଥାନ୍ୱେଷୀଙ୍କ ଭ୍ରାଂତ ବିଶ୍ୱାସରୁ
ତା'ହେଲା ନାନା ବିଷମତାରେ ବିଷାକ୍ତ ଓ
ବହୁଧା ବିଭକ୍ତ ।

କେତେକେତେ ସ୍ରଷ୍ଟା ଦ୍ରଷ୍ଟା ଦିଶାରୀଙ୍କ
ମହତ ବିଚାର
କବଳିତ ହେଲା ଅଂଧ ଆଧିପତ୍ୟରେ
ହଜିଗଲା ଏ ଧରାର ବିବିଧତାରୁ
ଏକତାର ଅନ୍ତଃ ଆକର୍ଷଣ, ତା'ର
ଜାଗତିକତାରୁ
ପୁଲକିତ ପ୍ରାଞ୍ଜଳ ସକାଳ ଅବା
ମହକିତ ଫୁଲ ସଂଜବେଳ ।

ସେଇ ବିଭେଦୀ ଶକ୍ତିଙ୍କ ବୋଲକରା
ବିଜ୍ଞାନ ବଳରେ
ପ୍ରକୃତିକୁ ପ୍ରତିପକ୍ଷ ମଣି, ତାର ବିନାଶରେ
ଆପଣାର ପୁଂଜି ପରାକାଷ୍ଠା
ଚାଲିଲେ ବଢ଼େଇ ।

କେଉଁ କେଉଁ ଭୂଖଂଡ଼ରେ
ଦରିଦ୍ରଙ୍କ ଜୀବନ ଜୀବିକା ପାଇଁ,
ଦିଆଗଲା ଉଚ୍ଚାଟିଆ ପ୍ରତିଶ୍ରୁତି, ତା'ବି
ଭଡ଼ାଟିଆ ଭୋଟରଙ୍କ କଂପମାନ କରତାଳିରେ
ହଜିଲା କେଉଁଠି, ପୂର୍ବ ପରି

ସେମାନେ ପୂର୍ବାହ୍ନରୁ ଅପରାହ୍ନ ଯାଏ
ଆହାର କେନ୍ଦ୍ର ଆଗରେ
ପତ୍ରଥାଳି ଧରି, ରହିଲେ ଅନିଶା କରି ।

ତେଣେ ସଂଗଠିତ ବିଶ୍ୱ ସୁରକ୍ଷା ସଂଘର
କିଛି ପ୍ରମୁଖ ଦାତା-କର୍ତ୍ତା
ସାପ ଓ ଗୁଣିଆ ପରି
ଦେଶେ ଦେଶେ ଦ୍ୱଂଦ ଉପୁଜାଇ
ତା'ର ସୁରକ୍ଷା ଆଳରେ
ଅଣୁ ପରମାଣୁ ଅବା
ଜୈବିକାସ୍ତ୍ର ନିର୍ମାଣରେ
ବିଜ୍ଞାନକୁ ବିନିଯୋଗ କଲେ
ବୈଜ୍ଞାନିକେ ମହାପୁରସ୍କାର ପାଇ
କୃତ୍ୟକୃତ୍ୟ ହେଲେ, ଯଦିଚ୍ ପରେ
ସେ ସବୁର
ଧ୍ୱଂସକାରୀ ପ୍ରୟୋଗ ଓ ପରିଣତି ପାଇଁ
ଘୋର ପଶ୍ଚାତ୍ତାପ କଲେ !

ସାହିତ୍ୟ ବି ଯାହା ମାର୍ଗଦର୍ଶିକା ହୋଇ
ଫେଡ଼ି ପାରିଥାନ୍ତା
ଅନେକ ଦ୍ୱଂଦକୁ ଦୁର୍ଗତିକୁ
ଯୋଡ଼ି ପାରିଥାନ୍ତା ଜାତି ଧର୍ମ ବର୍ଣ୍ଣ ଭୂଖଂଡ଼ରେ
ବିଭାଜିତ ମଣିଷକୁ, ତାହା
ନାନା ପକ୍ଷପାତିତାରେ
କବଳିତ ହେଲା, ପକ୍ଷାଂତରେ
ମୁଷ୍ଟିମେୟ ରସିକଂକ ମନଘେନା
ଶବ୍ଦାବତରଣ ହିଁ
ବାଃ ବାଃ ନେଲା, ସ୍ୱୀକୃତି ଲଭିଲା ।

ଏଇମିତି ଏ ଧରାର ସମଗ୍ର ଜୀବନ
ସ୍ୱାଭାବିକ ସୁଖଶାନ୍ତି
ସୌଦାଗରୀ ଜାଲରେ ସଂକୁଚିତ ଓ
ସଂଘର୍ଷିତ ହୋଇ ରହିଲା କାଳକାଳ।

॥ ତେର ॥

ଯାହା ଦୃଶ୍ୟମାନ
ତା'ହିଁ ତା'ର ପ୍ରଥମ ପରିଚୟ ।

ଆତ୍ମସେବୀଙ୍କ ସ୍ୱପ୍ନବାଉଳା ଭାଷଣରେ
ଆଉ ତାକୁ ସାକାର କରି ନପାରିବାର
ଶକ୍ତିହୀନତାକୁ ନେଇ ସଚେତନ ନାଗରିକ
ଅତିଷ୍ଠ ହେଲେଣି ।

ଯେମିତି ବାରଂବାର ଶୁଭଦିଆ
ଦଶାଧିକ ବର୍ଷର ଅର୍ଣ୍ଣିତ ଫଳକଟି
ପକ୍ଷୀଙ୍କ ମଳତ୍ୟାଗରେ
କେବେଠୁ କବର ଘେନିଛି, ଆଉ
ନିର୍ବାଚନ ପୂର୍ବ ନେତୃତ୍ୱଙ୍କ
ଶଠତାର ସାକ୍ଷୀ ପାଲଟିଛି ।

ବର୍ଷବର୍ଷ ଧରି ଦାବୀ ପୂରଣରେ
ଅସମର୍ଥଗଣ, ଦିନ ଆସେ
ନିଜ ଉପରୁ ଭରସା ହରାଂତି ଓ
ଶେଷରେ ତାଟିଆ କାମୁଡ଼ିଲା ପରି
ବଟିଦିଆ କାଦୁଅରେ
ସୁନାର କଂକଣ ଧରି
ସଂବିଧାନ ନିର୍ମାତାଙ୍କୁ
ଲଗାତାର ଲଂଠନ ଦେଖାନ୍ତି ।

ସେତିକିରେ ଫୁଲଗଛ ମରେ ନାଇଁ
ଅନ୍ୟକିଛି ଜନ କଲ୍ୟାଣରେ
ନିଜ କର୍ମକୁ ଉନ୍ନୀତ ନକରି
ମୁଖିଆଙ୍କ ଗୋଡ଼ହାତ ଧରି, ଅବା
କେଉଁ ଗଳାବାଟେ, ସଂଗୃହିତ
ପାଂଠି ଭୋଗ ଦେଇ
ପଦବୀର ଦୁର୍ବାର ମୋହରେ
ଏମାନେ ପଡ଼ିଥାନ୍ତି ପାଦପଦ୍ମେ
ନତଜାନୁ ହୋଇ ।

ମଉକାରେ ସୁଚତୁରେ
ତୁଙ୍ଗ ନେତାଙ୍କୁ ଧରି ମୁହାଁନ୍ତି
ପ୍ରାକ୍‌ଯୋଜିତ ସଂଜୀବନୀ ସଭାକୁ
ଯେଉଁ ସଭା କରିପାରେ
ସ୍ୱପ୍ନ ବାଉଳା ପ୍ରତିଶ୍ରୁତିକୁ ସଜୀବ ଓ
ସୁଦୃଢ଼ିତ, ଆଉ
ଛଡ଼େଇ ନେଇପାରେ
ପ୍ରତିଦ୍ୱଂଦୀଙ୍କ ଆଖିରୁ ସବୁ ନିଦ ।
ଯେଉଁ ସଭା ସଂଚାରି ପାରେ

ପ୍ରାଣ ତାଙ୍କ ନିଶୂନ ଛବିରେ,
ଅଂଧାରରେ ନିଃଶେଷିତ ଛାଇ ଯଥା
ଜିଇଁଥାଏ ଆଲୁଅରେ
ତେମଂତ ଏ ସଭାର ମହିମା, ଯା'ର
ଶବ୍ଦଜାଲ ବେଶ୍ କାମ ଦେଇଥାଏ
ଲୋକଂକର ନିରୁଦ୍ଦିଷ୍ଟ ବିଶ୍ୱାସକୁ
ବାହୁଡ଼େଇବାରେ !

ସେ ସଭାର କରତାଳି, ଜିଂଦାବାଦ ଧ୍ୱନି
ଗଗନ କଂପାଇ ଏବକୁ
ଭାଂଗି ଦେଲାଣି
ସଚେ଼ତନ ନାଗରିକଂକ
ନୀରବତାର ନଦୀବଂଧ
ଏବଂ ତନ୍ମଧ୍ୟେ ଉତ୍ତାଳ ସ୍ରୋତ
ଭୁଶୁଡ଼େଇ ପାରେ
ଆତ୍ମସେବୀଂକ ଉତ୍ତୁଂଗ ସଉଧ !

■

॥ ଚଉଦ ॥

ସେଦିନ ଏକ ବିଦ୍ୟାଳୟର
ଗାଂଧିଫଟୋ ବିଶୋଭିତ ମଂଡ଼ପରେ
ବହୁ ପ୍ରତିଯୋଗୀଙ୍କ ମଧ୍ୟରୁ
ବଛାଯାଇଥିବା
ଶ୍ରେଷ୍ଠ ତିନି ଗାଂଧିବେଶୀକଂର ଅଭିନୟ
ଅଗଣିତ ଦର୍ଶକଂକ ମନ ମୋହୁଥିଲା
କରତାଳିରେ ପ୍ରେକ୍ଷାଳୟ ଫାଟି ପଡୁଥିଲା ।

ତିହ୍ନିଙ୍କର ବେଶପରିପାଟୀ ଥିଲା
ଏକକୁ ଆରେକ,
ସେଇ ଗୋଲମୁଂଡ଼ ଆଖିରେ ବର୍ତ୍ତୁଳ ଚଷମା,
ଶୁଆ ନାକ,
ଓଠ ବିସ୍ତାରୀ ହସ
ଆଣ୍ଠୁ ଲୁଚୁ ନଥିବା ସେଇ ଖଦିବସ୍ତ୍ର

ହାତରେ ଅନ୍ତରଂଗ ଗୀତା ଆଉ ବାଡ଼ି
ପଦଚାଳନା ବି ଅବିକଳ ଥିଲା
ଗାନ୍ଧି ଯେମିତି ଉଦ୍ୟତ
ଚାଲିଯିବାକୁ ସଅଳ,
ପ୍ରାର୍ଥନା ବା ଅନଶନ ସ୍ଥଳ,
ନୂଆଖାଲି, ଦାଂଡ଼ି, ଚଂପାରଣ ଅବା
କାଠଯୋଡ଼ିକୂଳ।

ମୁଖ୍ୟଅତିଥି ମଂଚ୍‌କୁ ଉଠିଲେ ଏବଂ
ତିନି ଗାଂଧିବେଶୀଙ୍କୁ ପୁରସ୍କୃତ କଲେ,
ସଂଯୋଗକୁ ସେ ଥିଲେ ଜଣେ
ସଚ୍ଚା ଗାଂଧି ପ୍ରେମୀ
ଯିଏ ଦୀର୍ଘବର୍ଷର ଅଧ୍ୟାପନା ଛାଡ଼ି
କେଉଁ ଦୂରନ୍ତ ଅଂଚ୍‌ଳରେ
ଏକ ଆଦର୍ଶ ଗ୍ରାମ ନିର୍ମାଣରେ
ବ୍ରତୀ ଥିଲେ
ଯେଉଁଠାକୁ ଟୋପିପିଂଧା,
ଅର୍ଥବଳୀ ବାହୁବଳୀଏ ଫଟୋପାଇଁ
ଗାଡ଼ି ଲଗାଂତି ଭୋଟବେଳରେ।

ବାଷ୍ପରୁଦ୍ଧ କଂଠରେ ସେ କହିଲେ-
ଗାଂଧିଙ୍କର ବାଣୀ-ବିଚାରକୁ ନେଇ
କେତେ ଯେ ବିଦେଶୀ ଗବେଷକ
ନୋବେଲ ମଂଡ଼ିତ ହେଲେ
ଦେଶବିଦେଶରେ ଗଢ଼ାହେଲା
ପ୍ରତିମୂର୍ତ୍ତି ପ୍ରତିଷ୍ଠାନ
ସିନେମା ଓ ରାସ୍ତା,
କିନ୍ତୁ
ସେସବୁ ବାଇଗଣ ପୋଥିରେ ଫଳିଲା।

କେଣେ ଗଲା ତାଂକର ସେବା ସ୍ୱାବଲଂବୀ
ତ୍ୟାଗ ସତ୍ୟ ଆଉ ଅହିଂସାର ମନ୍ତ୍ର
ପ୍ରତିମୂର୍ତ୍ତି ପାଲଟିଲା ବର୍ଷସାରା
ଚଢ଼େଇଙ୍କ ଶୌଚ୍ସ୍ଥଳ ଓ
ଜନତାର ଦି'ଦିନିଆ ସେବା
ପ୍ରତିଷ୍ଠାନ ପାଲଟିଲା ରଣକ୍ଷେତ୍ର
ରାସ୍ତା ହେଲା ରକ୍ତରେ ରଂଜିତ ।

ତାଂକ ଜୟଂତୀରେ ଏଇଭଳି
ଫ୍ୟାନ୍ସି ଡ୍ରେସ ପ୍ରତିଯୋଗିତା
ତାଂକ ପ୍ରତି କଳାତ୍ମକ ସ୍ମରଣ ଅବଶ୍ୟ
କିଂତୁ ଇଏବି ତ ଔପଚାରିକତା !

ତାଂକ ପରି ନା ଆଉ କିଏ ଜନ୍ମନେଲା
ନା ତାଂକ ବାଣୀ ରୂପାୟିତ ହେଲା
ସୁଦୀର୍ଘ ସତୁରୀ ବର୍ଷରେ,
ଏ ଦେଶରେ ଅବା
ବିଶ୍ୱର ଅନ୍ୟ କେଉଁଠାରେ !

ତା'ପରଦିନ ଏଇ ଘଟଣାର
ଦି'ଧାଡ଼ିଆ ଖବରଟି
ପ୍ରକାଶ ପାଇଲା
ରାଜ୍ୟସାରା ଆୟୋଜିତ
ଗାଂଧି ଜୟଂତୀ ତାଲିକାରେ
ସଂବାଦ ପତ୍ରର ଦ୍ୱାଦଶ ପୃଷ୍ଠାରେ ।

■

॥ ପଂଦର ॥

କେଉଁ ପ୍ରତୀକ୍ଷିତ ପୂର୍ଣ୍ଣତାର ପ୍ରତିବିମ୍ବ ହୋଇ
ପଶ୍ଚିମ ଭୂଭାଗର ଉଦୟାଚଳରୁ
କିଛିଦିନ ତଳେ
ସିନ୍ଦୂରା ଫଟାଇଥିବା
ନବଜାତ ପୌତ୍ର
ମୋ ମୋବାଇଲରେ ପହଂଚି
ଭିଡ଼ିଓରେ ବିରାଜିତ ହେଲା
ବିନିଦ୍ର ଆଖିରେ
ସତେଅବା ସିଏ ପାଦରୁ ମସ୍ତିଷ୍କ ଯାଏ,
ମୋର ସଦ୍ୟ ଅର୍ଥପୂର୍ଣ୍ଣ ଶବ୍ଦରେ ବ୍ୟଂଜିତ
ମହାତ୍ମା କବିତାର ବିଭୋର ଧାଡ଼ିଟିଏ !

ତା'ର ନିଷ୍କପଟ ଚାହାଣିଟି
ମୋ ଆଖିକୁ ଛୁଇଁ ଦେଇ

ଚାହିଁରହିଲା ତା' କୋଠରୀର କାନ୍ଥକୁ,
କପ୍‌ବୋର୍ଡ଼କୁ, ଛାତକୁ,
ତାକୁ ଏବେଠୁଁ ପଚାରନା
ସେ ଦେଶରେ ମହାତ୍ମାଙ୍କ ସ୍ଥିତି, ସେ'ତ
ଦେଖି ସାରିନାହିଁ ତା' ଶେଯର ଚୌହଦୀରେ
ସଜ୍ଜିତ ଖେଳନାମାନଙ୍କୁ,
ପୋଷା କୁକୁରକୁ ଅବା
ବୁଝିପାରିନାହିଁ ତା' ବାପା ମା'ଙ୍କ
ସ୍ନେହିଳ ଡାକକୁ, କେବେ ହୁଏତ
ମନ ବଳେଇବ, ମହାତ୍ମାଙ୍କ ପ୍ରତିକୃତି ଦେଖି
ପ୍ରଶ୍ନ ଉଠେଇବ।

ମୁଁ ତ ଯୋଜନ ଯୋଜନ ଦୂରେ
ବିଜ୍ଞାନୀ କୈବର୍ତ୍ତ ପ୍ରାୟେ
ନାଆ ମେଲି ଏ ପ୍ରାଚୀକୂଳରେ,
ଅପଲକେ ଚାହିଁଚି
ତା' ହାତମୁଠାରୁ କେବେ
ଖୋଲିଯିବ ସମସ୍ତ ଆଙ୍ଗୁଳି
ମୋତେ ଡାକିବା ମୁଦ୍ରାରେ !

ଟିକେ ଡାଗର ହେଲା ପରେ
ତା'ର ଦରୋଟି ପାଟିରେ ସିଏ
ସ୍ୱଭାବତଃ ଡାକିବ ମେଘକୁ
ଆ' ମେଘ ବୋଲି,
ବର୍ଷାକୁ ଆଦେଶିବ ରହିଯାଆ ବର୍ଷା...
ପୁଣି ଡାକିବ ଜହ୍ନକୁ ଆ ଆ ଜହ୍ନମାମୁଁ, ଅବା
ପୋଷା କୁକୁର ବା ପକ୍ଷୀଙ୍କୁ ବିସ୍କୁଟ୍ ପକେଇ
କହିବ ଖା' ଖା' ବୋଲି

କେବେ ଅଝଟିବ ବାପ ମା', ମୋତେ ଅବା
ତା' ଜେଜେମା'ଙ୍କୁ ଚାଲ ଚାଲ ବୁଲିଯିବା
ପାର୍କକୁ ବା ଆଉ କୁଆଡ଼କୁ
ସତେଅବା ତା' ଆଜ୍ଞାରେ ଏ ପୃଥ୍ୱୀରେ
ସର୍ବେ ଆତଯାତ,
କୀଟଠୁ ବ୍ରହ୍ମାଂଡ଼ ଯାଏ
ସର୍ବେ, ତା'ର ଅଧୀନସ୍ଥ !

ବାଲୁତରୁ ଏମିତି ଚଗଲାମି ପରେ
ଆସିବ କୈଶୋର,
ପଢ଼ାଶୁଣାରେ ନିବିଷ୍ଟତା ତାକୁ
କରିଦେବ ନମ୍ର
ତା'ପରେ ତାରୁଣ୍ୟ।

ସେତେବେଳେ କେଜାଣି
ମହାତ୍ମାଂକ ସତ୍ୟ ଶାଂତି ଅହିଂସା ମଂତ୍ରର
ବିକିରଣରେ ବଦଳି ଯାଇଥିବ
ଏଇ ବିଭାଜିତ, ବିକ୍ଷୁବ୍ଧ ଓ
ବୋମା ବଂଧୁକରେ ସଂତ୍ରସ୍ତ ଭୂଗୋଳର
ଚିତ୍ର ଓ ଚରିତ୍ର
ସେ ଓ ତା' ପିଢ଼ିର ସଭିଏଁ
ପାଲଟି ଯାଇଥିବେ
ଏକ ବିଦ୍ୱେଷହୀନ ବିଶ୍ୱର
ବିମୁଗ୍ଧ ନାଗରିକ।

■

॥ ଷୋହଳ ॥

ଏ ଚିଠି ଲେଖୁଚି-ଆଟ୍‌ଲାଂଟିକ କୂଳ
ଧବଳ ଉଆସୀ ଦାଂଭିକର
କୁବେରପୁରୀରୁ,
ଯିଏ ତା'ର ଦୁର୍ବାର ହାତର ଲଟେଇରେ
ଏ ଧରାର ସାନବଡ଼ ଅନେକ ଗୁଡ଼ିଂକୁ
ସଗର୍ବରେ ଶିର ଟେକି
ଉଡ଼େଇବା ବେଳେ
କେଉଁ ଏକ ସୂତାର ଘେରରେ
ନିଜେ ଛଂଦି ହୋଇ
କାହାର ନେପଥ୍ୟ ଅଟ୍ଟହାସ୍ୟରେ
ବିଚଳିତ ମହାଭୂଖଂଡ଼ରୁ !

କିଏ ଜାଣିଥିଲା
ନିଜ ମୁକୁଟମଂଡ଼ିତ ଶୌର୍ଯ୍ୟକୁ

ଦିନେ ଦୋହଲାଇ ଦେବ
କେଉଁ ଆତତାୟୀ ମୁକୁଟୀର
ଇତର ଶରୀର
ତା'ର ସ୍ୱଚ୍ଛଳ ନିବାସୀଙ୍କ ଅଜାଣତେ
ରଚିଯିବ ଅଦ୍‌ଭୂତ ଆତଂକ ଓ
ହାହାକାର ।

ସଭିଏଁ ଜାଣଂତି କେଉଁ ଦେଶ
ପୁଂଜି ଆଉ ବହିର୍ପ୍ରତିଭାକୁ ନେଇ
ପ୍ରସ୍ଫୁଟିତ ସୌଦାଗରୀ ସ୍ୱର୍ଗ
ପେନ୍ ଠାରୁ ପରମାଣୁ ଅସ୍ତ୍ର ଯାଏ
ଅନ୍ୟ ଦେଶୁ ଅନେକ ସାମଗ୍ରୀ
ହୁଏ ନିତି ଆମଦାନୀ
ସେ ସବୁର ଗୁଣମାନ
ପୁନର୍ମୂଲ୍ୟାୟନ ହୋଇ
ବହୁଗୁଣା ଲାଭରେ ଲଭଂତି ରପ୍ତାନୀ ।

ଏଠି ପୁଣି ବିଦ୍ୟମାନ ବହୁବିଧ ଶୀର୍ଷତମ
ଶିକ୍ଷା ଶୋଧ ନିଯୁକ୍ତିର
ସୁବିଦିତ ପୀଠ ପ୍ରତିଷ୍ଠାନ
ତେଣୁ ଲୋଡ଼ାହୁଏ ଯାତାୟାତ ପାଇଁ
ପ୍ରତିଦିନ ଅସଂଖ୍ୟ ବିମାନ,
ହୁଏତ ବଂଦ କରିହେଲା ନାହିଁ
ବିମାନ ବଂଦରମାନ, ଜାରି ହେଲା
ଆପଣା ନାଗରିକଂକୁ ଅନ୍ୟ ଦେଶୁ
ବୋହି ଆଣିବା ପ୍ରୟାସ
ଯଦିଓ ଏଡ଼େଇ ହେଲାନି
ଅଦୃଶ୍ୟ ମୁକୁଟୀର ଏ ଭୂମିକୁ ମହାନୁପ୍ରବେଶ ।

ଆମେ ଏଠି ପହଂଚିବା
ହପ୍ତାଏ ହେଇନି ଆରଂଭିଲା
ବିଶ୍ୱମାରୀ ବିଭୀଷିକା
ଅସରଂତି ଶୀତ ସଂଗେ
ଅଦିନିଆ ବର୍ଷା, ବଂଦ କଲା
ଆମ ପ୍ରାତଃଚଲା ।

ଘର ସାମ୍ନା ସୁଶୋଭିତ ସୌଖିନ ପାର୍କର
ସୁଯୋଜିତ ପଥ ସବୁ
ଯେତେ ଠାରିଲେ ବା
ପୋଷା ଜର୍ମାନ୍ ସେଫାର୍ଡ଼ 'ଆର୍ଚି' ପାଦ ଚାଟି
ଯେତେ କୁଁ କାଁ କଲେ ବି
ବାହାରକୁ ଯାଇହେଲା ନାହିଁ
କାଳେ ଏଇ ଅକିଂଚନ ଦେହେ
ଶୀତ-ବର୍ଷା ରଚିବେ ରାହାସ
ସାମାଜିକ ଦୂରତ୍ୱର ବାଧ୍ୟତାକୁ
ବଳିଗଲା ଗୃହରେ ବଂଦୀତ୍ୱ ।

ପୁଣି ବଂଦ ହୋଇଗଲା
ସାରା ବିଶ୍ୱର ବୁଲା ରସିକଙ୍କୁ
ପ୍ରତିବର୍ଷ ବସଂତରେ ବିଭୋର କରୁଥିବା
ଚେରୀ ବ୍ଲୋସମ ଓ
ଗୁଡ଼ି ଉଡ଼ାଣ ମହୋତ୍ସବ
କିଛି ଅଂତରଂଗ ସାଥୀ, ସମକର୍ମୀ ଆଉ
ସଂପର୍କୀୟ ସଂଗେ
ପ୍ରାକ୍‌ଯୋଜିତ କାର୍ଯ୍ୟକ୍ରମରୁ
ଅଧିକାଂଶ ରହିଲା ସ୍ଥଗିତ ।

ଏବେ ପ୍ରତୀକ୍ଷା ବାହୁଡ଼ା ବାଟକୁ
କେବେ ଖୋଲିବ ବିମାନ ବଂଦର ?
କେବେ ହେବ ରେଳ ଚଳାଚଳ ?
ଭିଜିଟର୍ ଭିସାରେ ଏଯାବତ୍
ଏଠି ତ ଅଟକିଛଂତି
ଭାରତୀୟ ତିରିଶ ହଜାର
ଏତେ ଭିଡ଼ରେ
କେମିତି ବା ମିଳିବ ଟିକେଟ୍ ?

ପୁଣି କେଉଁଠାରେ, କେଉଁପରି
କ୍ୱାରେଂଟାଇନ୍ ହେବ ?
ଏମିତି ପ୍ରଶ୍ନର ଜାଲରେ
ମୀନ ପ୍ରାୟ
ମନ ଛଟପଟ
ଆଶା ଆଶଂକା ସତେବା
ସମୁଦ୍ର ଲହଡ଼ି ପରି
ଉତ୍ଥିତ ପତିତ ।

ତେବେ ଧାରେ ଖୁସିର ଖବର
ଘନ ଅଂଧାର ଗର୍ଭରୁ
ଅରୁଣ ଉଠିଲା ଭଳି
ମହାକାଳର ଗହନ କୁଟିଳତାରୁ
ସାମୂହିକ ଚେତନାର
ହେଲାଣି ଉଦୟ
ମୁକୁଟି ପ୍ରତିପକ୍ଷରେ ଏ ପୃଥ୍ୱୀର ଚୌଦିଗେ
ମେଡ଼ିକାଲ ଟିମ୍, ନେତୃବର୍ଗ
ପ୍ରତିଟି ବିଭାଗ ଓ ଜନଗଣ

ହେଲେଣି ତତ୍ପର।
କେଉଁ କେଉଁ ଗବେଷଣାଗାରୁ
ଶୁଭିଲାଣି ଜୈତ୍ରଗାନ
ଅତୀତର ଅନେକ ମାରକ ପରି
ଏ ମହୀରେ ମୁକୁଟୀର ବି ଆଉ
ନାହିଁ ବେଶି ଦିନ!

■

ବି.ଦ୍ର.- **Corona** ଶବ୍ଦଟି ଇଂରାଜୀ **Crown**ରୁ ଆସିଛି। ଏହା ମୁକୁଟ ପରି ଦୃଶ୍ୟମାନ ହେଉଥିବାରୁ ଏଠାରେ ମୁକୁଟୀ ଶବ୍ଦଟି ବ୍ୟବହୃତ ହୋଇଛି।

୧୦-୦୪-୨୦୨୦, ୱାସିଂଟନ୍ ଡିସି, ଆମେରିକା

॥ ସତର ॥

ମୁକୁଟୀ ମହାମାରିର ଛାଇନାଚ୍
ଛନକା ପଶେଇ ଦେଇଚି
ଏ ମହୀରେ ଏବେ
ସାରା ମଣିଷ ଛାତିରେ
ଦେଶ ବିଦେଶ ଚୌଦିଗରୁ
ପ୍ରଶ୍ନ ବୃଷ୍ଟି, କେଉଁଠାରୁ ଓ
କେମିତି ଏହାର ଉତ୍ପତ୍ତି ?

ବହୁତଳ ଅଟ୍ଟାଳିକା ଅଗ୍ନିବିସ୍ଫୋରଣରେ
ବିଦ୍ୟୁତ୍ ନା ଗ୍ୟାସ୍ ଲିକ୍
କିଏ ଦାୟୀ
ପ୍ରଶ୍ନ ଉଠାଇବା ବା
ପ୍ରମାଣ ଖୋଜିବା ତ

ସ୍ୱାଭାବିକ କଥା,
ତେବେ ତ ମିଳିପାରେ ସଠିକ୍ ଉତ୍ତର
ଆଉ ତା'ର ସମାଧାନ ସୂତ୍ର।

ଏହା କ'ଣ କାଳାନ୍ତରେ
କିଛି ଧନପତିଙ୍କ
ଅନ୍ଧ ଆଧିପତ୍ୟରେ ଅତ୍ୟାଚାରିତ,
ଅସଂତୁଳିତ ପ୍ରକୃତିର
ଅବକ୍ଷୟୀ ଅବଶେଷାଂଶରୁ ?
ନା କେଉଁ ବିସ୍ତାରକାମୀ
ବେପାରୀର
ଜୈବିକାସ୍ତ୍ର ନିର୍ମାଣଶାଳାରୁ
ଅବା କେଉଁ
ଗବେଷଣାଗାରୁ ଉପଜାତ
ପାର୍ଶ୍ୱ ପଦାର୍ଥରୁ ?

ଅଥବା କେଉଁ ଭାଗ୍ୟବାଦୀର
ବିଶ୍ୱାସିତ ପରାଭବରୁ ?
ତା' ହୋଇଥିଲେ ତ ନାନାସ୍ଥଳରେ
ଆୟୋଜିତ ପୂଜାପାଠ,
ଜାଗଯଜ୍ଞ, ଘୃତାହୁତି ପରେ
ଏ ଧରାରୁ
ବାଷ୍ପାୟିତ ଅନଳ ସାଥୀରେ
ଅପସରି ଯାଇଥାଂତା
ମହାମାୟାବିନୀ !

ନା-କାଉ ରାବରେ ଆଉ
ତାଳ ପଡ଼ିଲାନି, କେମିତି ବା
ପଡ଼ିଥାନ୍ତା ବିଜ୍ଞାନ କାଳରେ ?

ବରଂ ଇତର ମୁକୁଟୀ
କେଉଁ କ୍ରୋଧର ଅଦୃଶ୍ୟ ଅସ୍ତ୍ରରେ
ମରଣାଂତକ ଗୋଡ଼ାଇ ଚାଲିଚି
ଶ୍ରେଷ୍ଠୀ ମଣିଷକୁ,
ଯିଏ ଭୀତତ୍ରସ୍ତ ଦୟନୀୟ ହୋଇ
ଦୌଡ଼ି ପଳାଉଚି
ସଂଗ ଓ ସମାଜ
ଦେଶ ବା ବିଦେଶ ଛାଡ଼ି
ଆଉ ତା'ର ତ୍ରାହି ନାହିଁ!

ମୁକୁଟୀର ରୋଷ କି ପ୍ରଚ୍ଛନ୍ନରେ
ଏକ ପ୍ରତିବିଂବ
ସ୍ୱାର୍ଥାନ୍ୱେଷୀଂକ ଦ୍ୱାରା ବିଭାଜିତ
ଶୋଷିତ, ପୀଡ଼ିତ ଓ
ପ୍ରଦୂଷିତ ଏଇ ରକ୍ତାକ୍ଷରା ପୃଥିବୀର
ଯିଏ ମା' ପରି ସ୍ୱପ୍ନ ଦେଖିଥିଲା
ତା' କୋଳରେ ଏଇ
ଶ୍ରେଷ୍ଠ ଜୀବମାନେ,
ଯିଏ ଯେଉଁ ଭୂଖଣ୍ଡରେ ରହିଲେ ବି
ତାଂକ ସହଜନ୍ମା ଜୀବଜଂତୁ
ପ୍ରକୃତି ପରିବେଶରେ ପରସ୍ପର
ସମନ୍ୱିତ ହୋଇ
ଜୀବନ ଯାପିବେ
ସୁଖ ଶାଂତି, ସଦ୍‌ଭାବ, ସମତା ଓ
ଅହିଂସା ଶୃଂଖଳା ମଧ୍ୟରେ।

ତେବେ ତ ଦେଶ-ଦେଶ ଭିତରେ ଆଉ
ହେଉ ନଥାଂତା ମନାଂତର
ସୀମା ସୀମାଂତୀୟ ଦ୍ୱଂଦ୍ୱ ଅବା

ତା'ର ସୁରକ୍ଷା ବା ମାରଣାସ୍ତ୍ର କିଣାରେ
ହୁଅଂତାନି ଜୀବନ ବା ଅର୍ଥନାଶ
ତେଣୁ ତ ବହୁବିଧ ଶିକ୍ଷା ଗବେଷଣା
ଅବା ପ୍ରଦ୍ୟୋଗରେ ଲଭିଥାଂତା
ଜଗତରେ ସଭିଂକ ବିକାଶ।

ହେଲେ ସବୁକିଛି ଓଲଟା ଘଟିଲା
ନଈବଢ଼ିରେ ବିପର୍ଯ୍ୟସ୍ତ ଗାଁ' ଗଂଡ଼ା
ରାସ୍ତାଘାଟ ଘରଦ୍ୱାର ପରି
ବସୁମାତାର ସ୍ୱପ୍ନ ସବୁ
ତା'ର ଆଖି ଲୁହର ଲହଡ଼ିରେ
ଭାଂଗିରୁଜି ଗଲା,
ତା'ର ଭୂଗୋଳର ବିବିଧତା ହେଲା
ଭ୍ରମରେ ବ୍ୟଥିତ
ଇତିହାସର ଗାରିମା ପାଲଟିଲା
ଅହଂକାର ଆଉ ରକ୍ତପାତର
ଅସଂଖ୍ୟ ମାଇଲ ଖୁଂଟ।

କେତେ କେତେ ସମଦର୍ଶୀ, ସ୍ରଷ୍ଟା ଓ
ସୁଧାରକଂକୁ ବେଖାତିର କରି
ମହତ୍ୱାକାଂକ୍ଷୀଏ ପୁଣି
ପ୍ରତିଯୋଗିତାରେ ମଗ୍ନ
ଅନ୍ୟ ଗ୍ରହ ଉପଗ୍ରହେ
ଆସ୍ଥାନ ପାଇଁ କି!

ଅଂତହୀନ ଏ ଉତ୍ପାତ ବୋଧେ
ବସୁମାତା ଆଖିରେ ଜଗେଇଛି
ଲୁହର ବିଦ୍ରୋହ, ତା'ର

ପ୍ରତିଫଳନ କି ଏଇ ମହାକାଳ ?
ଯା'ର ଉପସମ ପାଇଁ ଲୋଡ଼ା
ପାତର ଅଂତର ନଥିବା
ସୂର୍ଯ୍ୟାଲୋକ ପରି
ପରିବ୍ୟାପ୍ତ ଚେତନାର
ନୂଆ ଅଭ୍ୟୁଦୟ ।

■

୦୯-୦୬-୨୦୨୦
ୱାସିଂଟନ୍ ଡିସି, ଆମେରିକା

॥ ଅଠର ॥

ଜଗତଯାକର କୁଟ କପଟତା ଅଳିଆ ଓ
ଅସୁନ୍ଦରପଣରେ ଆଲୋଡ଼ିତ
ଅଂତଚ୍ଚେତନାରୁ
ଗୋଟି ଗୋଟି ହୋଇ ଉଠୁଥିବା
ଡଲ୍‌ଫିନ ପରି
ଶବ୍ଦପରେ ଶବ୍ଦ ଗୁଂଥି ତିଆରିଲି
ଯେତେକ ଶବ୍ଦର ଝାଡ଼ଣ, ତା'ସିନା
ଦର୍ପଣକୁ ସଫେଇ ପାରିଲା, କିନ୍ତୁ
ସେଥିରେ ବିଂବାୟିତ
ସୀମାହୀନ ଝାଟୁଆର ବିକ୍ଷିପ୍ତାଂଶ
ଯେମିତିକୁ ସେମିତି ରହିଲା ।

ଅବଶ୍ୟ ଏତେଟା ସହଜ ନୁହେଁ
କିଛି ସାଂକେତିକ ଶାଣିତ ଶବ୍ଦର
ଝାଡ଼ଣରେ ଏକାବେଳକେ ସବୁଥିରୁ
ଅଳିଆ ଉଭେଇ ଯିବ,
ଚରାଚର ଚହଟି ଉଠିବ,
ପିଢ଼ି ପରେ ପିଢ଼ି ଯାହା ସ୍ତୁପୀକୃତ
ନାନା ଭ୍ରାନ୍ତି ବିଷମତାରେ
ଅଂଧ ଅଂଧାରରେ, ଯଦିଚ
ଏ ପ୍ରୟାସ ଝଲ୍‌କାଇଛି କିଛି ବାଟ
ଆଗେଇ ଯିବାର।

ଆମ ପୂର୍ବସୁରୀଏ ବି ଶବ୍ଦରେ ଶବ୍ଦରେ
କେତେ ବିଚ଼ାର ଓ ବାର୍ତ୍ତା ଦେଲେ
ବିଶ୍ୱଜନ ସୁଖ ପାଇଁ
ଅନାଗତ ସଂକଟକୁ ସତ୍‌କର୍ମରେ
ଏଡ଼ାଇବା ନେଇ, ହେଲେ
ଅଜ୍ଞଜନେ ସେଥିର ଅପମିଶ୍ରିତ ଅଳିଆକୁ
ଅସ୍ଥିମଜ୍ଜାଗତ କରି
ହିତାହିତ ବିଚ଼ାର ଛୁଡ଼ିଲେ
ସଂକଟ ପଡ଼ିଲା ପରେ
ପୂଜାପାଠ ପ୍ରାର୍ଥନା ଶ୍ରେୟ ମଣିଲେ।

ଏଇ ଯେମିତି କିଛି ଦୂରାଚ଼ାରୀଙ୍କ
ଦୁଷ୍କୃତିର ଅଳିଆରୁ
ଉଦ୍‌ଭବିଲା, ପ୍ରସରିଲା
ଏକ ଅଦୃଶ୍ୟ ଅବୋଧ
ମୁକୁଟୀ ମହାମାରୀ
ସ୍ତବ୍ଧକରି ଠେଲିଦେଲା ବର୍ଷାଧିକ ଧରି

ଚଳଚଂଚଳ ବିଶ୍ୱକୁ ମହାସଂକଟରେ
ବନ୍ଦୀ କରିଛି ସାରା ମଣିଷ ଜାତିକୁ
ଯେଝା ଘରେ ଅବା
ସଘନ ଯତ୍ନଶାଳାରେ
ପ୍ରାଣ ନେଲା ନିୟୁତାଧିକ ଶ୍ରେଷ୍ଠୀ ପ୍ରଜାତିର
ଅବଶିଷ୍ଟ ଏଯାବତ ଭୀତତ୍ରସ୍ତ
ତୁଂଡ଼ି କେବେ ଖୋଲିବେ ଚିନ୍ତିତ !

ହୁଏତ ଆଉ ବେଶି ଡେରି ନାହିଁ
ଆସିବ ସେଦିନ, ଯେଉଁଦିନ
ମାର୍ଗଦର୍ଶୀ କବିର
ବାଣୀ ବିଚାରରେ
ଆଗୁସାର ହେବେ ଜଗତର ଜନ ।

ସେଇଦିନ
କପଟୀ ମଣିଷକୃତ ବିଭାଜିତ ବସୁଧାରୁ
କ୍ରମଶଃ ଉଭେଇ ଯିବ ସବୁ ସୀମାରେଖା
ଦର୍କାର ହେବନି ଆଉ
ଅର୍ଥନାଶୀ, ପ୍ରାଣନାଶୀ ବଂଧୁକ ବା
ବୋମାର ସୁରକ୍ଷା ।

ମଂଦିର ମସ୍‌ଜିଦ୍ ଗୀର୍ଜା ଗୁରୁଦ୍ୱାର
ପାଲଟିବେ ମାନବୀୟତାର ସାମୂହିକ ସ୍ୱର
ହଟିଯିବ ସବୁ ସଂକୀର୍ଣ୍ଣତା ଜାତି ଧର୍ମ ବର୍ଣ୍ଣ,
ଶୋଷକ ଶୋଷିତ ଆଦି
ଯେତେକ ବୈଷମ୍ୟ

ଦୁଃଖ ଦୈନ୍ୟ ରୋଗ ଶୋକ ସଂକଟର
ଅବସାନ ହେବ
ଏକ କୁଟୁଂବିତ ବିଶ୍ୱ ପାଇଁ
ମହାସଂଭାବନାର ସିଂଦୂରା ଫାଟିବ।

|| **ଉଣେଇଶ** ||

ଇଯେ କି ବ୍ୟବସ୍ଥା, ଏ କି ବିଡ଼ଂବନା !!

ଦେଶର ଇତିହାସ ଭୂଗୋଳ ଜାଣିନଥିବା
କିସମ କିସମ ଅପରାଧର
ବିପଣୀ ସଜାଇଥିବା
ନ୍ୟୂନତମ ଯୋଗ୍ୟତାର ଲୋକ ବି
ଏଠି ପ୍ରାର୍ଥୀ ହୋଇପାରେ ଓ
କଳେବଳେ ଜିତିଗଲେ
ଯେଉଁ ସଂବିଧାନକୁ ସେ ଚିହ୍ନିନାଇଁ
ତା'ରି ରାଣ ଖାଇ
ଦିନେ ମଂତ୍ରୀ ହୋଇପାରେ
କେବଳ ଇତିହାସ ହିଁ ଜାଣେ ଯେ

ଆଂବଡ଼ା ଗଛଟି ଅସମର୍ଥ
ଆଂବ ସୃଜିବାରେ ।

ଏକ ସର୍ବହିତକାରୀ ନେତୃତ୍ୱ ପାଇଁ କି
ସାରା ପୃଥ୍ୱୀର ମଣିଷ
ପ୍ରାୟତଃ ଅପେକ୍ଷାରତ, ସବୁକାଳେ
ଏପରିକି ସହଜନ୍ମା ପ୍ରାଣୀ ଅବା
ଉଦ୍ଭିତ ଜଗତ, ଯେଉଁମାନେ
ନିଜନିଜ ସାମର୍ଥ୍ୟରେ ସେବାରତ,
ସମର୍ପିତ ସୁରକ୍ଷା ଆଶାରେ
ମୁରବି ତୁଲ୍ୟ ମଣିଷ ପାଖରେ ।

ଅଥଚ୍ ଏକକୁ ଆରେକ ବଳି
କୃତଘ୍ନ ନେତୃତ୍ୱ
ନିଜନିଜ ଦାୟିତ୍ୱର ଅଣଦେଖା କରି
ଚଳାଇଛନ୍ତି ନିଷ୍ଠୁର ପ୍ରଭୁତ୍ୱ
ବୋଧହୁଏ ସେଇଥିପାଇଁ
ମୁକୁଟୀ ମହାମାରୀର ଦୁର୍ବାର ଦ୍ରୋହରେ
ଆଜି ସାରାଟା ମଣିଷ, ଭୋଗୁଛି
ତାଂକ ଦୁଷ୍କୃତିର ଭୟଂକର ସତ୍ୟ ।

ନେତୃତ୍ୱର ନିର୍ବାଚ଼ନ କି ନୀତିହୀନ
ବଟି ଓ ପାଂଠିର ଖେଳ ?
କୁଟିଳ ରଥାରୋହୀର ରଣର ହୁଂକାର ?
ଶୋଭାଯାତ୍ରାରେ ନିୟୋଜିତ
ହତଭାଗା ବାହୁବଳୀଙ୍କ କ୍ରିୟା ଓ କଂଦଳ ?
ମହଜୁଦ୍ ମାରାଣାସ୍ତ୍ରରେ

ରକ୍ତ ଜୁଡୁବୁଡୁ ମଣିଷ ଓ
ମାଟିର ହାହାକାର।

ଏ ନୃଶଂସ ଘନଘୋର ଅଂଧାରର
ଅଂତ ହେବ, ଯେବେ
ମୁଢ଼-ଜ୍ଞାନୀ, ଶୋଷକ-ଶୋଷିତ ସଭିଂକ
ସୁପ୍ତ ଚେତନାର ଦିଗଂତରେ
ସିଂଦୂରା ଫାଟିବ, ଯେଉଁଦିନ
ସଭିଏଁ ଜାଣିବେ
ସଭ୍ୟତା ଓ ସଂସ୍କାରହୀନ ପ୍ରାର୍ଥୀଙ୍କୁ
ଭୋଟ ଦେବାର ପରିଣାମ
କିପରି ବିଷମ।

ତଦୁତ୍ତାରେ ବିଜୟୀ ହେବେ ଯେ ପ୍ରାର୍ଥୀ
ସେ ଅବଶ୍ୟ ସାମୂହିକ କଲ୍ୟାଣରେ
ଉଦାହରଣୀୟ ହେବେ ଏବଂ
ଦିନେ ରାଜ୍ୟ, ଦେଶ, ବିଶ୍ୱ ଯାʼଂକୁ
ସବିନୟେ ସଂବର୍ଦ୍ଧିତ କରିବାକୁ
ଗୌରବ ମଣିବେ।

।। କୋଡ଼ିଏ ।।

କେଉଁ ଅତ୍ୟାଚ଼ାରରୁ ଅବା
ଆକସ୍ମିକତାରୁ
ଜନ୍ମି ଅଣୁଜୀବିଏ
ପିଢ଼ି ପରେ ପିଢ଼ି ମାରି ଚାଲିଛନ୍ତି
ସଭ୍ୟ ସଂସ୍କାରୀ ମହାଜୀବ ମଣିଷକୁ
ଯେଉଁମାନେ ଲାଭ ଲୋଭେ ପ୍ରତିଦ୍ୱଂଦୀ ହୋଇ
ଧ୍ୱଂସୀ ଚାଲିଛଂତି ଆପଣାର
ସହଜୀବୀ ପ୍ରକୃତି ଓ ପ୍ରାଣୀଜଗତକୁ ।

ଏଭଳି ଲଜ୍ଜାଦାୟୀ ବିଷମ କାଳରେ ବି
ଇଚ୍ଛାହୁଏ ଦେଖି ଦେଖି
ବିଭୋର ହେବାକୁ
ଏକ ଲଳିତ ବିଶ୍ୱର ସ୍ୱପ୍ନିଳ ଅଭ୍ୟୁଦୟ

ଯେବେ ସବୁ ଭୂଖଣ୍ଡର ନେତାଏ
ଏକଇ ଆକାଶ ତଳେ
ଏକଯୁଟ ହେବେ
ଅତୀତର ସକଳ ତିକ୍ତତା ଭୁଲି
ସ୍ନେହ, ସାମ୍ୟ, ସହିଷ୍ଣୁତା,
ଅହିଂସା ସଞ୍ଚାରି
ଆପଣା ଶ୍ରେଷ୍ଠପଣିଆ ସଜାଡ଼ିବେ
ଧରା ନିବାସର ସାରା ମଣିଷଙ୍କୁ
ଆପଣା ମଣିବେ,
ନିନ୍ଦିତ ନହେବେ କେହି
ଧ୍ୱଂସ ଭିଆଇବା ନେଇ ।

ତେବେ ତ ସାମୁହିକ ସୁସ୍ଥତା ଓ ସମୃଦ୍ଧିରେ
ବିଜ୍ଞାନ ଓ ମାନବତା ହେବ ସମନ୍ୱିତ
ବିଶ୍ୱବ୍ୟାପି ମହାମାରିର
ଦୁସ୍ଥିତି କାଳରେ ବି
ହେବେ ନାହିଁ କେହି ଭୀତତ୍ରସ୍ତ ।

ମାନବିକତାର ଏଇ ବିଶ୍ୱାୟନ ହିଁ
କାଳେ କାଳେ ସମଗ୍ର ବିଶ୍ୱରେ
ଉତ୍କୃଷ୍ଟ ନେତୃତ୍ୱ ପାଇଁ
ବୀଜ ବୁଣିଦେବ
ଦିନେ ସେଇ ସୁସ୍ଥ ସୁନ୍ଦର
ଉର୍ବର ଭୂଇଁରୁ
ମୁକୁଟ ପିନ୍ଧି ଗଜୁରିବେ
ମହାମାନବର ଦଳ
ଯିଏ, ନିସ୍ୱାର୍ଥପର ସେବାରତ
ଚନ୍ଦ୍ର ସୂର୍ଯ୍ୟ ସାଗର ନଈ ଝରଣା

ଗଛଲତା ପରି
ସମଭାବେ ସଭିଙ୍କୁ ଦେଖିବେ,
ନିର୍ବାଚନ ମାନଙ୍କରେ
ଯୋଗ୍ୟରୁ ଯୋଗ୍ୟ ପ୍ରାର୍ଥୀଏ
ନିର୍ଦ୍ୱନ୍ଦ୍ୱରେ ସେବାର ନେତୃତ୍ୱ ନେବେ।

ଦର୍କାର ହବନି ଆଉ
ଲାଭକାରୀ ଦ୍ରବ୍ୟ କାରବାର
ମାରଣାସ୍ତ୍ର ତିଆରି ବିକ୍ରିର-
ତେବେ ଯାଇ
ଲୀଳାଖେଳା ପ୍ରକୃତି ଓ ପରିବେଶ
ଅକ୍ଷୁଣ୍ଣ ରହିବ
ବିଶ୍ୱ ଧରିତ୍ରୀ ଦିବସ ପାଳନର ମହାନତା
ସାର୍ଥକ ହୋଇବ।

ଗଣଭୋଜିର ବାକ୍‌ବିତଣ୍ଡା,
ଠେଲାପେଲା ଛାଡ଼ି
ଧାଡ଼ିରେ ଅନାୟାସେ ସଭିଏଁ
ଇଚ୍ଛାମତେ ଆହାର ପାଇବା ପରି
ସଭିଙ୍କ ଜୀବନଯାତ୍ରା
ସରଳ ଓ ସୁଖକର ହେବ
ଯାହା,
ବହୁ ଆକାଂକ୍ଷିତ ସ୍ୱପ୍ନ ଏ ବିଶ୍ୱର
ନଗର ବନସ୍ତବାସୀ ସବୁ ଜୀବଙ୍କର।

■

।। ଏକୋଇଶ ।।

ବିବର୍ତ୍ତନର ଧାରାରେ
କେତେଯେ ଶତାବ୍ଦୀ ବିତିଯାଇଛି
ଆଜିର ବିଜ୍ଞାନୀ ମଣିଷ
ହୋଇଛି ବିଶ୍ୱମନସ୍କ, ହେଲେ
ତା'ର ମଣିଷପଣିଆ
ବସ୍ତୁ ପାଲଟିଛି
କଳମଠୁ ଅସ୍ତ୍ର ବଳିୟାର ହୋଇ
ଘଟାଇ ଚାଲିଛି ଏ ଧରାରେ
ନାନା ଅଘଟଣ, କେବେ
କୋହ ଲୁହ ଲହୁରେ ଭିଜିଛି
ତା'ର ବିଖଂଡ଼ିତ କୋଳ, କେବେ
ଅଳ୍ପ କ୍ଷଣ ଆଲୋକିତ ହୋଇଛି

ତା ସୃଜିତ ଜୀବଂକର
ସଂଘର୍ଷିତ ଯାତ୍ରାପଥ
ସାକ୍ଷୀ ଇତିହାସ !

ମହକ ନଥାଇ କିଛି
ରଂଗିଲା କୁସୁମ
ଜନ ମନ କିଣି ନେଇପାରେ
ମଣିଷତ୍ୱ ନଥାଇ
କେହି କଳେବଳେ
ଆଧିପତ୍ୟ ଆପଣେଇପାରେ
ଆଉ ଝାଂପ ଦେଇପାରେ
ଗର୍ଜମାଣ ସମୁଦ୍ର ପରିକା
ମୁହାଣରେ
ଛଳଛଳ ନଈ ପିଠିରେ
ତାକୁ ଲବଣାକ୍ତ କରି ।

ସେମିତି ଏକ ବିଡ଼ଂବନା ଘଟିଛି
ତା ପୁଣି
ବିଶ୍ୱଚେତନା ସଂଚାରୀ
ସାମ୍ୟଦର୍ଶୀ ଭୂଇଁରୁ ସଂଭୁତ
ଏକ ମାରଣାସ୍ତ୍ରଧାରୀ ଦାଂଭିକର
କ୍ଷମତା ମୋହରୁ !
ଆଶ୍ଚର୍ଯ୍ୟ !
ସଭ୍ୟ ଭୂଇଁର ଅଧିପତି ଜାଣିନି
ଏକଇ ଆକାଶ ତଳେ
ଏକଇ ଧରାରେ
ମଣିଷ

ଯିଏ ଯେଉଁଠି ନିବାସିଲେ ବି
ତା'ର ସୁଖଦୁଃଖ ବିପଦ ଆପଦରେ
ସହଭାଗୀ ହେବାହିଁ ବିଶ୍ୱ ନେତାପଣ !

ତା'ର ଅମଣିଷପଣିଆ ଏବେ
ସର୍ବଜ୍ଞାତ, ଯେବେ
ମହାମାରୀର ତୁଣ୍ଡି ନ ଖୋଲୁଣୁ
ଦୁର୍ବିସହ ଶୀତ ବରଫରେ
ସେ ଭିଆଇ ଦେଇଛି
ଧ୍ୱଂସକାରୀ ଆକ୍ରମଣ
ଆଲିଂଗନ ବଦଳରେ
ଆଖିବୁଜା ଫିଂଗିଚାଲିଛି
ମିଶାଇଲ ବୋମା ।

କେତେ କାରୁକାର୍ଯ୍ୟଭରା
ସୁଦୃଶ୍ୟ ଅଟ୍ଟାଳିକା ପାଲଟୁଛି
ଧ୍ୱଂସସ୍ତୂପ
ଟ୍ୟାଂକ ଓ ଯୁଦ୍ଧଯାନର ଦୌଡ଼ରେ
ଧୂଳିଭର୍ତ୍ତି ସାରା ପରିବେଶ
ଭୀତତ୍ରସ୍ତ ବାସିଂଦା ଓ
ଦେଶୀ ବିଦେଶୀ ଛାତ୍ରଛାତ୍ରୀ
ଖାଦ୍ୟପେୟ ପାଇଁ
ଓହଳ ବିକଳ
କ୍ଷତବିକ୍ଷତ ଦେହରୁ ଖସୁଛି
ଥଳା ଥଳା ମାଂସ
ମୃତ ମାଆ କୋଳରୁ ଝଡ଼ିଯାଉଛି
ରକ୍ତସ୍ନାତା କଳିକା ଆୟୂଷ ।

ଛାତିଫଟା ଏ ବିଭୀଷିକା
ଅଂତପାଇଁ
କେହି ଆଗେଇ ଆସିଲେ ନାହିଁ
ବୁଝାମଣା ନେଇ, ବରଂ
ମଉକା ଜାଣି ଥାପିଲେ
ବାସଂଦ ଓ କଟକଣାମାନ
କଲେ ଯୁଦ୍ଧାସ୍ତ୍ର ଯୋଗାଣ !

ସବୁଠୁ ଆଶ୍ଚର୍ଯ୍ୟ !
ତଥାକଥିତ ମହାଶକ୍ତିକୁ ଟପି
ଶୀର୍ଷାରୂଢ଼ ହେବାପାଇଁ
ପାଗଭିଡ଼ିଥିବା ପ୍ରତିବେଶୀ ଭୂଇଁ
ଏ ବର୍ବର ଧ୍ୱଂସଲୀଳାକୁ
ସମର୍ଥନ ଦେବା, ଏଣେ
ବିଶ୍ୱକବିର ଭୂଇଁ
ବିଶ୍ୱଗୁରୁ ଭାବେ
ଆପଣାକୁ ସାବ୍ୟସ୍ତ କରିବା ପାଇଁ
ନିରପେକ୍ଷ ଭୂମିକାରେ
ଅପେକ୍ଷା କରିବା !
ହେଲେ କେତେଦିନ ଶୁଣୁଥିବ
ଏ ସାରା ସଂସାର
ନିଜନିଜ ବେଢ଼ାରେ
ସଭ୍ୟତାର ବିଡ଼ଂବନା ସ୍ୱର !

ଏ ସ୍ୱର ତ ଜାଗୃତିର
ସତର୍କ ଘଂଟିର !
ବିଶ୍ୱଧ୍ୱଂସୀ ତୃତୀୟ ମହାସମରର !!

କିଂତୁ ମଣିଷ ମଣିଷ ହେଲେ ହିଁ
ଏ ବେଳ ବଦଳିଯିବ
ହଟିଯିବ
ଅମଣିଷକୃତ ଏଇ ଯୁଦ୍ଧର ପସରା
ଧୂଳି ଧୂଆଁ ବାରୁଦର ଆକାଶକୁ ଫର୍ଚ୍ଚାକରି
ପୁନଶ୍ଚ ଚହଟି ଉଠିବ
ସସାଗରା ଧରା ।

ଡ. କୃପାସିନ୍ଧୁ ନାୟକଙ୍କ ପ୍ରକାଶିତ କବିତା ଗ୍ରନ୍ଥ ଓ ସେ ସବୁର ଅନୁବାଦ ଓ ଅନୁବାଦକ

- **ସ୍ମୃତିମାନଙ୍କର**

- **କାଗଜ ଘରର କାବ୍ୟ**

- **ଭଙ୍ଗା ସମୟ**
  ହିନ୍ଦୀ: ବିଖଣ୍ଡିତ ସମୟ / ଅନୁବାଦ: ଡ. ଅର୍ଜୁନ ଶତପଥୀ

- **ନୀରବତାର ଶବ୍ଦ**
  ଇଂରାଜୀ: Voice of Silence / ଅନୁବାଦ: ପ୍ର. କରୁଣାକର ମହାପାତ୍ର
  ହିନ୍ଦୀ ଅନୁବାଦ: ଡ. ମହେନ୍ଦ୍ର ଶର୍ମା

- **ବାୟା ଚଢ଼େଇର ଦୁଃଖ**
  ହିନ୍ଦୀ : ବାୟା ପକ୍ଷୀକା ଦୁଃଖ୍ / ଅନୁବାଦ: ଡ. ମଧୁସୂଦନ ସାହା
  ଇଂରାଜୀ : Sorrow of the Weaver Bird
  ଅନୁବାଦ: ପ୍ର. କରୁଣାକର ମହାପାତ୍ର
  ବଙ୍ଗଳା: ବାବୁଇ ପକ୍ଷୀର୍ ଦୁଃଖ / ଅନୁବାଦ: ଅମୀୟ ବସୁ, ସୁଚିସ୍ମିତା ବିଶ୍ୱାସ

- **ବ୍ୟାଥା ଯେଉଁଠି ଥିଲା**
  ହିନ୍ଦୀ: ଦୁଃଖ୍ ଯହାଁ ଥା / ଅନୁବାଦ: ପ୍ର. କୁଲ୍‌ଦିପ୍ ସିଂ
  ଇଂରାଜୀ: Where pain lingered
  ପ୍ର. କରୁଣାକର ମହାପାତ୍ର

- **ଅତିକ୍ରମଣ**
  ହିନ୍ଦୀ: ଅତିକ୍ରମିତ୍ / ଅନୁବାଦ: ଡ. ମହେନ୍ଦ୍ର ଶର୍ମା
  ଇଂରାଜୀ: Going beyond / ଅନୁବାଦ: ପ୍ର. ପାରେଶ୍ୱର ବିଶ୍ୱାଳ

- **ବଦଳିବାର ବେଳ**

BLACK EAGLE BOOKS

www.blackeaglebooks.org
info@blackeaglebooks.org

Black Eagle Books, an independent publisher, was founded as a nonprofit organization in April, 2019. It is our mission to connect and engage the Indian diaspora and the world at large with the best of works of world literature published on a collaborative platform, with special emphasis on foregrounding Contemporary Classics and New Writing.

www.ingramcontent.com/pod-product-compliance
Lightning Source LLC
Chambersburg PA
CBHW020544080526
44583CB00013B/987
* 9 7 8 1 6 4 5 6 0 3 9 3 1 *